RECUEIL

DES

LOIS ET ORDONNANCES

CONCERNANT

LES PERCEPTIONS MUNICIPALES

A PARIS.

SECONDE ÉDITION.

DE L'IMPRIMERIE DE J. SMITH.

RECUEIL

DES

LOIS, ORDONNANCES,

RÉGLEMENS ET TARIFS

CONCERNANT

LES PERCEPTIONS MUNICIPALES

A PARIS,

CONTENANT les Lois, Ordonnances, Réglemens, Arrêtés et Tarifs sur la perception des droits d'octroi et d'entrée;

Les Réglemens et Tarifs sur les entrepôts réels;

Les Décrets et Ordonnances sur le commerce des vins et les falsifications de boissons;

Les Réglemens sur les retraites des employés de l'octroi;

Les Ordonnances et Tarifs sur la perception du droit de banlieue;

Les Réglemens de voirie sur les constructions autour de Paris;

Les Lois sur le timbre des lettres de voiture et la recherche des marchandises prohibées;

Les Ordonnances, Arrêtés et Tarifs concernant les abattoirs;

Enfin les Réglemens sur les fontaines marchandes et la distribution de l'eau dans Paris.

PARIS,

CHEZ J. SMITH, IMPRIMEUR-LIBRAIRE,

RUE MONTMORENCY, N° 16.

ET AU BUREAU DE L'ALMANACH DU COMMERCE,

RUE J.-J. ROUSSEAU, N° 20.

1822.

DIRECTION

DES DROITS D'OCTROI ET D'ENTRÉE DE PARIS,

Rue Grange-Batelière.

M. le Vicomte D'AUDIFFRET ✻, *Directeur des droits d'octroi et d'entrée de Paris,* à la Direction, rue Grange-Batelière.

Régisseurs.

MM.

SAINT-PIERRE LESPERET ✻, rue Mêlée, n° 28;

BOUTELAUD, O. ✻, rue d'Anjou-Saint-Honoré, n° 8;

LEFEBVRE-LABOULAYE ✻, rue Portefoin, n° 19, au Marais.

Inspecteurs.

MM.

DUMONT, rue Saint-Louis, n° 10, au Marais;

JEANSON, à la barrière de Clichy;

DE PRESSIGNY, à la barrière du Trône;

DUTRAIGNAUX, à la barrière d'Enfer.

M. BOMPART, *Payeur des dépenses et Caissier des saisies et retraites,* à l'hôtel de la Direction.

Les bureaux de la Direction et la caisse sont ouverts au public tous les jours, depuis neuf heures du matin jusqu'à quatre du soir.

ENTREPOT GÉNÉRAL DES VINS ET EAUX-DE-VIE,

Quai Saint-Bernard.

M. DUBOUSQUET ✻ ✻, *Conservateur.*

ENTREPOT DES HUILES.

Il est placé dans l'établissement des Bernardins, rue de Pontoise. (*Les bureaux sont à l'entrepôt général des boissons.*)

ABATTOIRS.

Abattoir de Montmartre;
Abattoir de Ménilmontant;
Abattoir du Roule;
Abattoir de Grenelle;
Abattoir de Villejuif.

RECUEIL

DES LOIS, ORDONNANCES,

RÉGLEMENS ET TARIFS

CONCERNANT

LES PERCEPTIONS MUNICIPALES

A PARIS.

CHAPITRE PREMIER.

PERCEPTION DES DROITS D'OCTROI ET D'ENTRÉE ET TARIFS DE CES DROITS.

Loi qui ordonne la perception d'un octroi pour l'acquit des dépenses locales de la commune de Paris.

Du 27 Vendémiaire an VII (18 Octobre 1798).

ART. 1.er Il sera perçu par la commune de Paris un octroi municipal et de bienfaisance, conformément au tarif annexé à la présente loi, spécialement destiné à l'acquit de ses dépenses locales, et de préférence à celle de ses hospices et des secours à domicile.

2. Le directoire exécutif est chargé de faire les réglemens généraux et locaux nécessaires pour l'exécution de la perception de l'octroi de bienfaisance établi par l'article premier.

3. Dans aucun cas, les citoyens entrant dans la commune

de Paris à pied, à cheval ou en voiture de voyage, ne pourront, sous le prétexte de la perception de la taxe municipale, être arrêtés, questionnés ou visités sur leurs personnes, ni à raison des malles et valises qui les accompagnent. Tous actes contraires à la présente disposition seront réputés actes de violence : les délinquans seront poursuivis par la voie de police correctionnelle ; ils seront condamnés à cinquante francs d'amende et à six mois de prison.

4. Il sera établi le nombre de bureaux de recettes qui seront jugés nécessaires ; le directoire déterminera le nombre des employés, les nommera, réglera leurs traitemens, de manière, cependant, que les frais de perception n'excèdent pas huit centimes par franc de la recette totale présentée par le tarif.

5. Il sera fourni aux préposés, des registres à talon, sur lesquels ils seront tenus de porter, jour par jour, article par article, les recettes qu'ils feront.

6. Tous les employés à la perception de l'octroi recevront une commission du directoire exécutif, en seront toujours porteurs ainsi que du tarif et du réglement fait pour assurer son exécution. La présente loi, et le tarif qui y est annexé, seront affichés en placard à la porte de chaque bureau et dans son intérieur.

7 L'administration centrale du département pourra destituer provisoirement les receveurs, si le cas l'exige, les dénoncer aux tribuaux, et les y poursuivre à la requête des commissaires du pouvoir exécutif.

8. L'administration de l'octroi de bienfaisance fait partie des attributions des administrations municipales de Paris, chacune dans son arrondissement, sous la surveillance de l'administration centrale du département.

9. Les contestations qui pourraient s'élever sur l'application du tarif et sur la quotité du droit exigé par le receveur, seront portées devant le tribunal de police, par lui jugés sommairement et sans frais.

10. Tout porteur ou conducteur d'objets de consommation compris dans le tarif annexé à la présente loi, sera tenu

d'en faire la déclaration au bureau de la recette, et d'en acquitter le droit avant de les pouvoir faire entrer dans la commune de Paris; toute contravention à cet égard sera punie d'une amende du double droit.

11. Les amendes prononcées en exécution de l'article 10 seront acquittées sur-le-champ entre les mains du receveur du bureau où la contravention aura été commise; moitié appartiendra aux employés dudit bureau, et moitié sera versée par ledit receveur dans la caisse du comité de bienfaisance de la municipalité.

12. Toute personne qui s'opposera à l'exercice des préposés à la perception de l'octroi, sera condamnée à une amende de cinquante francs. Dans le cas où il y aurait voie de fait, il en sera dressé procès-verbal, qui sera envoyé au directeur du jury d'accusation, pour en poursuivre les auteurs et leur faire infliger les peines portées par le code pénal contre ceux qui s'opposent avec violence à l'exercice des fonctions publiques.

13. Si les préposés à la perception de l'octroi reçoivent directement ou indirectement quelque gratification ou présent, ils seront condamnés aux peines portées dans le code pénal contre les fonctionnaires publics prévaricateurs.

14. Les administrations municipales vérifieront et arrêteront, au moins une fois par mois, les registres de recette des receveurs de leur arrondissement; elles dresseront procès-verbal de cette vérification, et l'adresseront avec leurs observations à l'administration centrale.

15. Les receveurs verseront, au moins une fois par décade, le montant de leurs recettes à la caisse du receveur général du département.

16. Il est alloué au receveur général du département, pour toute indemnité et frais de bureaux, un dixième de centime par franc de recette brute, conformément à la loi du 17 fructidor an VI.

17. Le receveur général du département remettra chaque mois à l'administration centrale du département, et enverra

au ministre de l'intérieur le bordereau des versemens qui lui auront été faits, sans préjudice du bordereau général de ses recettes qu'il est tenu de fournir à la trésorerie nationale.

18. Chaque administration municipale du canton de Paris dressera et enverra à l'administration centrale du département,

1.° L'état des dépenses administratives ;

2.° L'état des dépenses communales, particulières à son arrondissement, telles que les frais de justice de paix, de l'état civil, des cimetières, des écoles primaires, des commissaires de police.

19. Le bureau central adressera également à l'administration centrale l'état,

1.° De ses dépenses administratives;

2.° De celle des hospices et secours à domicile;

3.° Des dépenses communales qui intéressent tous les citoyens du canton de Paris.

20. Tous ces états seront examinés par l'administration départementale, discutés, réduits aux dépenses d'absolue nécessité, arrêtés et renvoyés aux autorités ci-dessus désignées, chacune en ce qui la concerne.

21. Lesdites autorités expédieront, mois par mois, les mandats nécessaires pour l'acquit de leurs dépenses, telles qu'elles auront été réglées par l'administration centrale du département : ces mandats, après avoir été visés par l'administration centrale, seront acquittés par le receveur général, tant sur le produit de l'octroi et autres revenus communaux, que sur les centimes additionnels destinés par la loi au paiement des dépenses communales, en observant de donner toujours la priorité aux dépenses relatives aux hospices.

22. L'administration centrale du département de la Seine fera imprimer et rendra public, dans le mois de vendémiaire de chaque année, le compte des recettes et dépenses tant départementales que municipales et communales.

23. La présente résolution sera imprimée.

Loi sur les Octrois municipaux.

Du 27 Frimaire an VIII (18 Décembre 1799).

Art. 1.er Il sera perçu dans les communes de Courtray, département de la Lys; de Reims, département de la Marne; de Metz, département de la Moselle; de Lille, département du Nord; de Calais, département du Pas-de-Calais; de Fontenay-le-Peuple, département de la Vendée; de Limoges, département de la Haute-Vienne; et d'Epinal, département des Vosges, des octrois municipaux, conformément aux tarifs annexés à la présente loi, et dont le produit servira à l'acquittement de leurs dépenses locales.

Les frais annuels de perception et ceux de premier établissement ne pourront excéder, pour l'octroi de Courtray, la somme de cinq mille francs;

Pour celui de Reims, la somme de dix-huit mille francs;

Pour celui de Metz, la somme de sept mille six cents francs;

Pour celui de Lille, la somme de vingt-sept mille francs;

Pour celui de Calais, la somme de cinq mille cinquante francs;

Pour celui de Fontenay-le-Peuple, la somme de dix mille francs;

Pour celui de Limoges, la somme de neuf mille deux cent deux francs;

Et pour celui d'Epinal, le dixième du produit brut.

2. Ces octrois, ainsi que ceux qui seront établis à l'avenir, seront organisés conformément aux dispositions suivantes.

3. Le gouvernement est chargé définitivement, et les administrations centrales de département par provision de faire les réglemens généraux et locaux pour la perception desdits octrois, de déterminer le nombre nécessaire de bureaux de recette, ou de régler tout autre mode de surveillance et de

perception, suivant les localités, et de fixer le nombre des employés, ainsi que le mode et le taux de leur traitement.

4. Dans les communes où il sera nécessaire d'établir un directeur ou préposé en chef à la direction de l'octroi, sa nomination sera faite par le gouvernement.

Les autres employés seront nommés par l'administration de département, sur une liste triple pour chaque employé, qui lui sera présentée par l'administration municipale.

5. Il sera fourni aux préposés aux recettes, des registres à souche, sur lesquels ils seront tenus de porter leurs recettes jour par jour, article par article, et de suite, sans y laisser aucun blanc.

6. Les employés à la perception des octrois recevront une commission; savoir: le préposé en chef, s'il y a lieu, de la part du gouvernement; et les autres employés, de la part de l'administration de département.

Les uns et les autres en seront toujours porteurs, ainsi que du tarif et du réglement fait pour en assurer l'exécution.

7. Avant d'entrer en exercice, ils prêteront serment devant le juge de paix dans l'arrondissement duquel siége l'administration municipale, et il en sera fait mention au pied de leur commission; le tout sans autres frais que les droits d'enregistrement.

8. Leurs procès verbaux constatant la fraude, seront affirmés devant le même juge de paix, dans les vingt-quatre heures de leur date, sous peine de nullité, et ils feront foi en justice jusqu'à l'inscription de faux.

9. La perception de l'octroi fait partie des attributions de l'administration municipale, sous la surveillance de l'administration centrale de département.

10. L'administration centrale de département pourra, si le cas l'exige, destituer les receveurs et autres préposés nommés par elle, les dénoncer aux tribunaux et les y faire poursuivre à la requête du commissaire du gouvernement.

A l'égard du directeur ou préposé en chef, sa destitution ne sera que provisoire, et devra être confirmée par le gouvernement.

11. Tout porteur ou conducteur d'objets de consommation compris au tarif de l'octroi, sera tenu de faire sa déclaration au bureau de recette le plus voisin, et d'en acquitter les droits avant de les faire entrer dans la commune, sous peine d'une amende égale à la valeur de l'objet soumis au droit d'octroi.

La même amende sera encourue par les fabricans et autres débiteurs des droits d'octroi perceptibles dans l'intérieur de la commune, faute par eux d'avoir fait leur déclaration dans les délais ou à l'époque déterminés par les réglemens qui auront été faits en exécution de l'article 3 de la présente.

Ces amendes, après qu'elles auront été prononcées, seront acquittées entre les mains du receveur du bureau, et sur-le-champ, de la part du condamné, sinon les objets saisis seront vendus dans les vingt-quatre heures; une moitié appartiendra aux employés de l'octroi, l'autre sera versée par le receveur à la caisse des recettes municipales et communales.

12. Dans aucun cas, les citoyens entrant dans lesdites communes, à pied, à cheval, ou en voiture de voyage, ne pourront, sous prétexte de la perception de l'octroi, être arrêtés, questionnés ou visités sur leurs personnes, ni à raison des malles qui les accompagnent.

Tous actes contraires à la présente disposition seront réputés actes de violence, les délinquans poursuivis par voie de police correctionnelle, et condamnés à cinquante francs d'amende et à six mois de détention.

13. Les contestations qui pourront s'élever sur l'application du tarif ou sur la quotité des droits exigés par les receveurs d'octroi, seront portées devant le juge de paix dans l'arrondissement duquel siége l'administration municipale, à quelque somme que le droit contesté puisse s'élever, pour être par lui jugées sommairement et sans frais, soit en dernier ressort, soit à la charge de l'appel, suivant la quotité du droit réclamé.

14. En cas de contestation sur l'application du tarif, ou sur la quotité du droit, tout porteur ou conducteur d'objets compris au tarif, sera tenu de consigner entre les mains du receveur le droit exigé ; il ne pourra être entendu qu'en rapportant au juge qui devra en connaître, la quittance de ladite consignation.

15. Toute personne qui s'opposera à l'exercice des fonctions desdits préposés, sera condamnée à une amende de cinquante francs. En cas de voie de fait, il en sera dressé procès-verbal, qui sera envoyé au directeur du jury, pour en poursuivre les auteurs, et leur faire infliger les peines portées par le Code pénal contre ceux qui s'opposent avec violence à l'exercice des fonctions publiques.

16. Tout préposé à l'octroi qui favorisera la fraude, soit en recevant des présens, soit tout autrement, sera condamné aux peines portées par le Code pénal contre les fonctionnaires prévaricateurs.

17. Les amendes encourues d'après les dispositions de la présente, seront prononcées par les tribunaux de simple police ou de police correctionnelle, suivant la quotité de la somme.

18. Les receveurs particuliers de l'octroi verseront, au moins une fois par décade, le montant de leurs recettes à la caisse du préposé aux recettes municipales et communales.

19. Il est alloué à ce préposé un cinquième de centime pour franc de recette brute de l'octroi, outre le traitement qui lui est accordé pour les autres recettes, en exécution de la loi du 11 frimaire an VII.

20. L'administration municipale vérifiera et arrêtera, au moins une fois par mois, les registres des receveurs particuliers de l'octroi, ainsi que l'état des versemens faits par eux à la caisse du préposé spécial aux recettes municipales et communales.

21. Le préposé aux recettes municipales et communales remettra, le premier de chaque mois, à l'administration centrale, qui en enverra un double au ministre de l'intérieur, le bordereau, vérifié et approuvé par l'administration muni-

cipale, des versemens qui lui auront été faits du produit de l'octroi pendant le mois précédent.

22. Ne sont point sujets aux droits d'octroi, les objets non destinés à la consommation desdites communes, et qui n'y entrent que par *transit*, ou pour y être entreposés jusqu'à leur sortie ultérieure.

Le Gouvernement est chargé définitivement, et les administrations centrales provisoirement, de régler les formalités et le mode de surveillance auxquels seront assujettis les propriétaires ou conducteurs desdits objets; et ils pourront, suivant les localités, ordonner la consignation du droit d'octroi, pour être restitué à la sortie des objets entreposés.

23. La présente loi et le tarif seront affichés en placard à la porte et dans l'intérieur de chaque bureau d'octroi.

Extrait de la Loi du 28 avril 1816, sur le Droit d'entrée au profit du Trésor royal.

CHAPITRE II.

Droits d'entrée sur les Boissons.

§ Ier — *De la Perception.*

Art. 20. Il sera perçu, au profit du Trésor, dans les villes et communes ayant une population agglomérée de deux mille ames et au-dessus, conformément au tarif annexé à la présente loi sous le n° 2, un droit d'entrée sur les boissons introduites ou fabriquées dans l'intérieur, et destinées à la consommation du lieu.

Le classement des départemens, établi par le tableau n° 3, pourra, s'il s'élève des réclamations, être rectifié par le ministre secrétaire d'état des finances, sur l'avis du directeur général des contributions indirectes, lorsqu'il sera reconnu qu'il y a eu erreur dans les calculs ou les bases qui ont déterminé la classification.

21. Ce droit sera perçu dans les faubourgs des lieux sujets, et sur toutes les boissons reçues par des débitans établis sur le territoire de la commune; mais les habitations éparses et les dépendances rurales entièrement détachées du lieu principal en seront affranchies.

22. Les communes assujetties aux droits d'entrée seront rangées dans les différentes classes du tarif, en raison de leur population agglomérée. S'il s'élève des difficultés relativement à l'assujettissement d'une commune ou à la classe dans laquelle elle devra être rangée par sa population, la réclamation de la commune sera soumise au préfet, qui, après avoir pris l'opinion du sous-préfet et celle du directeur, la transmettra, avec son avis, au directeur général des contributions indirectes, sur le rapport duquel il sera statué par le ministre des finances, sauf le recours de droit; et la décision du préfet sera provisoirement exécutée.

23. Les vendanges et les fruits à cidre ou à poiré seront soumis au même droit, à raison de trois hectolitres de vendanges pour deux hectolitres de vin, et de cinq hectolitres de pommes ou poires pour deux hectolitres de cidre ou de poiré.

Les fruits secs, destinés à la fabrication du cidre et du poiré, seront imposés à raison de vingt-cinq kilogrammes de fruits pour un hectolitre de cidre ou de poiré. Les eaux-de-vie, ou esprits, altérés par un mélange quelconque, seront soumis au même droit que les eaux-de-vie ou esprits purs.

24. Tout conducteur de boissons sera tenu, avant de les introduire dans un lieu sujet aux droits d'entrée, d'en faire la déclaration au bureau, de produire les congés, acquits-à-caution ou passavans dont il sera porteur, et d'acquitter les droits, si les boissons sont destinées à la consommation du lieu.

25. Dans les lieux où il n'existera qu'un bureau central de perception, les conducteurs ne pourront décharger les voitures, ni introduire les boissons au domicile du destinataire,

avant d'avoir rempli les obligations qui leur sont imposées par l'article précédent.

26. Les boissons ne pourront être introduites dans un lieu sujet aux droits d'entrée que dans les intervalles de temps ci-après déterminés, savoir :

Pendant les mois de janvier, février, novembre et décembre, depuis sept heures du matin jusqu'à six heures du soir.

Pendant les mois de mars, avril, septembre et octobre, depuis six heures du matin jusqu'à sept heures du soir.

Pendant les mois de mai, juin, juillet et août, depuis cinq heures du matin jusqu'à huit heures du soir.

27. Toute boisson introduite sans déclaration dans un lieu sujet aux droits d'entrée sera saisie par les employés; il en sera de même des voitures, chevaux et autres objets, à défaut par le contrevenant de consigner le *maximum* de l'amende ou de donner caution solvable.

§ II. — *Du Passe-debout.*

28. Les boissons introduites dans un lieu sujet aux droits d'entrée, pour le traverser seulement ou y séjourner moins de vingt-quatre heures, ne seront pas soumises à ces droits; mais le conducteur sera tenu d'en consigner ou d'en faire cautionner le montant à l'entrée, et de se munir d'un passe-debout.

La somme consignée ne sera restituée, ou la caution libérée, qu'au départ des boissons, et après que la sortie du lieu en aura été justifiée.

Lorsqu'il sera possible de faire escorter les chargemens, le conducteur sera dispensé de consigner ou de faire cautionner les droits.

29. Les boissons conduites à un marché dans un lieu sujet aux droits d'entrée, seront soumises aux formalités prescrites par l'article précédent.

§ III. — *Du Transit.*

30. En cas de séjour des boissons au-delà de vingt-quatre

heures, le transit sera déclaré conformément aux dispositions de l'article 14, et la consignation ou le cautionnement du droit d'entrée subsistera pendant toute la durée du séjour.

§ IV. — *De l'Entrepôt.*

31. Tout négociant ou propriétaire qui fera conduire dans un lieu sujet aux droits d'entrée, au moins neuf hectolitres de vin, dix-huit hectolitres de cidre ou poiré, ou quatre hectolitres d'eau-de-vie ou d'esprit, pourra réclamer l'admission de ces boissons en entrepôt, et ne sera tenu d'acquitter les droits que sur les quantités non représentées, et qu'il ne justifiera pas avoir fait sortir de la commune.

La durée de l'entrepôt sera illimitée.

Ne seront pas tenus de faire entrer la quantité de boissons ci-dessus fixée, les négocians ou propriétaires jouissant déjà de l'entrepôt lors de l'introduction desdites boissons, en sorte qu'ils pourront n'en faire entrer qu'un hectolitre, s'ils le jugent à propos, sans qu'ils puissent être tenus d'en acquitter de suite les droits.

32. Tout bouilleur ou distillateur qui introduira dans un lieu sujet des vins, cidres ou poirés pour être convertis en eau-de-vie ou esprit, pourra aussi réclamer l'entrepôt. Le produit de la distillation, constaté par l'exercice des employés, ne sera soumis aux droits d'entrée que dans le cas déterminé par l'article précédent.

33. La faculté d'entrepôt sera aussi accordée aux personnes qui introduiront dans les lieux sujets aux droits d'entrée des vendanges et fruits, et qui destineront les boissons en provenant à être transportées hors de la commune.

34. Cette même faculté pourra également être accordée à des particuliers qui recevraient des boissons pour être conduites, peu de temps après leur arrivée, soit à la campagne, soit dans une autre résidence. La déclaration devra en être faite au moment de l'arrivée des boissons.

35. Les déclarations d'entrepôt seront faites avant l'introduction des chargemens, et signées par les entrepositaires ou

leurs fondés de pouvoirs. Elles indiqueront les magasins, caves ou celliers où les boissons devront être déposées, et serviront de titre pour la prise en charge.

36. Tout bouilleur ou distillateur de grains, marcs, lies, fruits et autres substances, établi dans un lieu sujet aux droits d'entrée, sera tenu, s'il ne réclame la faculté de l'entrepôt, d'acquitter ce droit sur l'eau-de-vie provenant de sa distillation, et dont la quantité sera constatée par l'exercice des commis.

37. Les entrepositaires, négocians ou distillateurs, seront soumis à toutes les obligations imposées aux marchands en gros de boissons. Ils seront tenus, en outre, de produire aux commis, lors de leurs exercices, des certificats de sortie pour les boissons qu'ils auront expédiées pour l'extérieur, et des quittances du droit d'entrée pour celles qu'ils auront livrées à l'intérieur. A la fin de chaque trimestre, ils seront soumis au paiement de ce même droit sur les quantités manquantes à leurs charges, sauf les déductions pour coulage et ouillage autorisées par l'article 103 de la présente loi.

38. Lorsque les boissons auront été emmagasinées dans un entrepôt public, sous la clef de la régie, il ne sera exigé aucun droit de l'entrepositaire pour les manquans à ses charges.

39. Les personnes qui auront droit à l'entrepôt, pourront l'obtenir à domicile, lors même qu'il existerait dans le lieu un entrepôt public (Paris excepté).

40. Dans celles des villes ouvertes où la perception des droits d'entrée sur les vendanges, pommes ou poires, ne peut être opérée au moment de l'introduction, la régie sera autorisée à faire faire, après la récolte, chez tous les propriétaires récoltans, l'inventaire des vins ou cidres fabriqués. Il en sera de même à l'égard des vendanges et fruits récoltés dans l'intérieur d'un lieu sujet aux droits d'entrée. Tout propriétaire qui ne réclamera pas l'entrepôt, ou qui n'aura pas récolté une quantité de boissons suffisante pour l'obtenir, sera tenu de payer immédiatement les droits d'entrée sur les vins ou cidres inventoriés.

41. Les propriétaires qui jouiront de l'entrepôt pour les produits de leur récolte seulement, en vertu de l'article précédent, ne seront soumis, outre l'inventaire, qu'à un recensement avant la récolte suivante. Toutefois ils seront obligés de payer le droit d'entrée au fur et à mesure de leurs ventes à l'intérieur. Lors du recensement, ils acquitteront le même droit sur les manquans non justifiés, déduction faite de la quantité allouée pour coulage et ouillage.

42. Les boissons, dites *piquettes*, faites par les propriétaires récoltans avec de l'eau jetée sur de simples marcs, sans pression, ne seront pas inventoriées chez eux, et seront conséquemment exemptes du droit, à moins qu'elles ne soient déplacées pour être vendues en gros ou en détail.

43. Dans celles des villes sujettes aux droits d'entrée, où la perception du droit de détail sera remplacée par un abonnement avec la commune, conformément à l'article 73, le compte d'entrée et de sortie des boissons reçues par les entrepositaires sera tenu au bureau de la Régie. Les employés feront seulement, chaque trimestre, et en présence de l'entrepositaire, les vérifications nécessaires pour constater les quantités de boissons qui resteront en magasin, et établir le décompte des droits dus sur celles qui auront été livrées à la consommation du lieu.

§ V. — *Dispositions particulières.*

44. Les personnes voyageant à pied, à cheval, ou en voitures particulières et suspendues, ne seront pas assujetties aux visites des commis, à l'entrée des villes sujettes aux droits d'entrée.

45. Les courriers ne pourront être arrêtés à leur passage, sous prétexte de la perception; mais ils seront obligés d'acquitter les droits sur les objets qui y seront sujets. A cet effet, les employés pourront accompagner les malles et assister à leur déchargement.

Tout courrier, tout employé des postes, qui serait convaincu d'avoir fait ou favorisé la fraude, outre les peines résultant de la contravention, serait destitué par l'autorité compétente.

46. Les contraventions aux dispositions du présent chapitre seront punies de la confiscation des boissons saisies, et d'une amende de cent à deux cents francs, suivant la gravité des cas, et sauf celui de fraude en voitures suspendues, lequel entraînera toujours la condamnation à une amende de mille francs.

Dans le cas de fraude par escalade, par souterrain ou à main armée, il sera infligé aux contrevenans une peine correctionnelle de six mois de prison, outre l'amende et la confiscation.

CHAPITRE III.

§ VI. — *Remplacement du Droit de détail à Paris.*

92. Il n'y aura pas, dans l'intérieur de la ville de Paris, d'exercices sur les boissons autres que les bières. Le droit de détail et celui d'entrée y seront remplacés au moyen d'une taxe unique aux entrées, fixée ainsi qu'il suit :

Par hectolitre de vin en cercles	10 f.	50 c.
Par hectolitre de vin en bouteilles	15	00
Par hectolitre de cidre et poiré	5	00
Par hectolitre d'eau-de-vie simple au-dessous de 22 degrés	18	00
Par hectolitre d'eau-de-vie de 22 degrés jusqu'à 28 exclusivement	36	00
Par hectolitre d'esprit à 28 degrés et au-dessus, d'eau-de-vie de toute espèce en bouteilles, et de liqueurs composées d'eau-de-vie ou d'esprit, tant en cercles qu'en bouteilles	60	00

93. Les dispositions du chapitre II, et les peines y prononcées en cas de contravention, sont applicables à la taxe établie par l'article précédent.

TITRE II.

Des Octrois.

147. Lorsque les revenus d'une commune seront insuffisans

pour ses dépenses, il pourra y être établi, sur la demande du conseil municipal, un droit d'octroi sur les consommations. La désignation des objets imposés, le tarif, le mode et les limites de la perception, seront délibérés par le conseil municipal et réglés de la même manière que les dépenses et les revenus communaux. Le conseil municipal décidera si le mode de perception sera la régie simple, la régie intéressée, le bail à ferme ou l'abonnement avec la régie des contributions indirectes : dans tous les cas, la perception du droit se fera sous la surveillance du maire, du sous-préfet et du préfet.

148. Les droits d'octroi continueront à n'être imposés que sur des objets destinés à la consommation locale. Il ne pourra être fait d'exception à cette règle que dans des cas extraordinaires, et en vertu d'une loi spéciale.

149. Les droits d'octroi qui seront établis à l'avenir sur les boissons, ne pourront excéder ceux qui seront perçus aux entrées des villes, au profit du Trésor. Si une exception à cette règle devenait nécessaire, elle ne pourrait avoir lieu qu'en vertu d'une ordonnance spéciale du Roi.

150. Les réglemens d'octroi ne pourront contenir aucune disposition contraire à celles des lois et réglemens relatifs aux différens droits imposés au profit du Trésor.

151. En cas de quelque infraction de la part des conseils municipaux aux règles posées par les articles précédens, le ministre des finances, sur le rapport du directeur général des contributions indirectes, en référera au conseil du roi, lequel statuera ce qu'il appartiendra.

152. Des perceptions pourront être établies dans les banlieues autour des grandes villes, afin de restreindre la fraude ; mais les recettes faites dans ces banlieues appartiendront toujours aux communes dont elles seront composées.

153. Le produit net des octrois, dans toutes les communes où il en est perçu, sera soumis, au profit du Trésor, à un prélèvement de dix pour cent, à titre de subvention, pendant la durée de la présente loi.

Il sera fait déduction sur les produits passibles de cette retenue, du montant de la contribution mobilière, dans les villes où elle est remplacée par une addition à l'octroi.

Il en sera de même du montant de l'abonnement que la régie pourrait consentir avec les villes, en remplacement du droit de détail, en exécution de l'art. 73 de la présente loi.

A compter du 1er juillet 1816, il ne pourra être fait aucun autre prélèvement, soit sur le produit net des octrois, soit sur les autres revenus des communes, sous quelque prétexte que ce soit, et en vertu de quelques lois et ordonnances que ce puisse être. Elles sont expressément rapportées en ce qu'elles pourraient avoir de contraire à la présente loi.

154. Les préposés des octrois seront tenus, sous peine de destitution, d'opérer la perception des droits établis aux entrées des villes, au profit du Trésor, lorsque la régie le jugera convenable; elle fera exercer, relativement à ces perceptions, tel genre de contrôle ou de surveillance qu'elle croira nécessaire d'établir.

Lorsque la régie chargera de la perception des droits d'entrée des préposés commissionnés par elle, les communes seront tenues de les placer avec leurs propres receveurs dans les bureaux établis aux portes des villes.

155. Dans toutes les communes où les produits annuels du droit d'octroi s'élèveront à vingt mille francs et au-dessus, il pourra être établi un préposé en chef de l'octroi. Ce préposé sera nommé par le ministre des finances, sur la présentation du maire, approuvée par le préfet, et sur le rapport du directeur général des contributions indirectes.

Le traitement du préposé surveillant sera fixé par le ministre des finances, sur la proposition du conseil municipal, et fera partie des frais de perception de l'octroi.

Les dispositions de cet article ne sont point applicables à l'octroi de Paris, dont l'administration reste soumise à des réglemens particuliers.

156. Les préposés de tout grade des octrois seront nommés par les préfets, sur la proposition des maires. Le directeur général des contributions indirectes pourra, dans l'intérêt du

Trésor, faire révoquer ceux de ces préposés qui ne rempliraient pas convenablement leurs fonctions.

157. Les dix pour cent du produit net des octrois seront versés dans les caisses de la régie aux époques qu'elle aura déterminées; le montant de ce prélèvement sera arrêté tous les mois par des bordereaux de recettes et dépenses, visés et vérifiés par le préposé surveillant de l'octroi; le recouvrement s'en poursuivra par la saisie des deniers de l'octroi, et même par voie de contrainte à l'égard du receveur municipal.

158. La régie des contributions indirectes sera autorisée à traiter de gré à gré avec les communes pour la perception de leurs octrois; les traités ne seront définitifs qu'après avoir été approuvés par le ministre des finances.

159. Tous les préposés comptables des octrois sont tenus de fournir un cautionnement en numéraire, qui sera fixé par le ministre secrétaire d'état des finances, à raison du vingt-cinquième brut de la recette présumée.

Le *minimum* ne pourra être au-dessous de deux cents francs.

Pour les octrois des grandes villes, il sera présenté des fixations particulières.

Ces cautionnemens seront versés au Trésor, qui en paiera l'intérêt au taux fixé pour ceux des employés des contributions indirectes.

TITRE VII.

Dispositions générales.

232. Le décime pour franc pour contribution de guerre est maintenu sur ceux des droits désignés, établis ou conservés par la présente loi, qui en sont passibles; il sera également perçu en sus des droits établis par les titres I, III et IV de la présente loi.

234. Les buralistes tiendront leur bureau ouvert au public depuis le lever jusqu'au coucher du soleil, les jours ouvrables seulement.

237. En cas de soupçon de fraude à l'égard de particuliers non sujets à l'exercice, les employés pourront faire des visites

dans l'intérieur de leurs habitations, en se faisant assister du juge de paix, du maire, de son adjoint, ou du commissaire de police, lesquels seront tenus de déférer à la réquisition qui leur en sera faite, et qui sera transcrite en tête du procès-verbal. Ces visites ne pourront avoir lieu que d'après l'ordre d'un employé supérieur, du grade de contrôleur au moins, qui rendra compte des motifs au directeur du département.

Les marchandises transportées en fraude, qui, au moment d'être saisies, seraient introduites dans une habitation pour les soustraire aux employés, pourront y être suivies par eux, sans qu'ils soient tenus, dans ce cas, d'observer les formalités ci-dessus prescrites.

238. Les rebellions ou voies de fait contre les employés seront poursuivies devant les tribunaux qui ordonneront l'application des peines prononcées par le Code pénal, indépendamment des amendes et confiscations qui pourraient être encourues par les contrevenans.

Quand les rebellions ou voies de fait auront été commises par un débitant de boissons, le tribunal ordonnera, en outre, la clôture du débit pendant un délai de trois mois au moins, et de six mois au plus.

243. Les expéditions et quittances délivrées par les employés seront marquées d'un timbre spécial dont le prix est fixé à dix centimes.

245. Les autorités civiles et militaires, et la force publique, prêteront aide et assistance aux employés pour l'exercice de leurs fonctions, toutes les fois qu'elles en seront requises.

Extrait de la Loi sur les finances, du 25 mars 1817, sur le Droit d'entrée des huiles.

Art. 84. Les droits d'entrée seront perçus à l'avenir dans les villes et communes ayant une population agglomérée de quinze cents ames et au-dessus : à cet effet, la première classe du tarif annexé à la loi du 28 avril 1816 comprendra les communes de quinze cents à quatre mille ames de population agglomérée.

85. L'hydromel sera compris au nombre des boissons soumises aux droits de circulation, d'entrée, de détail et de licence. Il sera imposé dans tous les cas comme le cidre.

§ III. — *Des Huiles.*

88. Il sera perçu, au profit du Trésor, dans les villes ou communes ayant au moins deux mille ames de population agglomérée, conformément au tarif annexé à la présente loi, un droit d'entrée sur les huiles qui seront introduites ou fabriquées à l'intérieur, et destinées à la consommation du lieu.

89. Ce droit sera perçu dans les faubourgs des lieux qui y sont assujétis ; mais les habitations éparses et les dépendances rurales entièrement détachées du lieu principal, en seront exemptes.

90. Les communes soumises aux droits d'entrée sur les huiles seront rangées dans les différentes classes du tarif, en raison de leur population agglomérée.

S'il s'élève des difficultés sur l'assujétissement d'une commune ou sur la classe dans laquelle elle devra être rangée par sa population, la réclamation de la commune sera soumise au préfet.

Celui-ci prendra l'avis du sous-préfet et celui du directeur de la régie, et transmettra le tout, avec son opinion, au directeur général des contributions indirectes, sur le rapport duquel il sera statué par le ministre des finances, sauf le recours de droit.

Le préfet prendra, dans l'intervalle, une décision qui sera provisoirement exécutée.

91. Tout conducteur d'huile sera tenu, avant de l'introduire dans le lieu sujet au droit d'entrée, d'en faire la déclaration au bureau et d'acquitter le droit, si l'huile est destinée à la consommation du lieu.

92. Dans les lieux où il n'existera qu'un bureau central de perception, les conducteurs ne pourront décharger leurs voi-

tures, ni introduire les huiles au domicile du destinataire, avant d'avoir rempli les obligations qui leur sont imposées par l'article précédent.

93. Les huiles ne pourront être introduites dans un lieu sujet au droit d'entrée, que dans les intervalles de temps ci-après déterminés; savoir :

Pendant les mois de janvier, février, novembre et décembre, depuis sept heures du matin jusqu'à six heures du soir.

Pendant les mois de mars, avril, septembre et octobre, depuis six heures du matin jusqu'à sept heures du soir.

Pendant les mois de mai, juin, juillet et août, depuis cinq heures du matin jusqu'à huit heures du soir.

94. Toute quantité d'huile introduite sans déclaration dans un lieu sujet au droit d'entrée, sera saisie par les employés; il en sera de même des voitures, chevaux et autres objets servant au transport, à défaut par le contrevenant de consigner le *maximum* de l'amende ou de donner caution solvable.

95. Les huiles introduites dans un lieu sujet au droit d'entrée, pour le traverser seulement, ou y séjourner moins de vingt-quatre heures, ne seront pas soumises à ce droit; mais le conducteur sera tenu d'en consigner ou d'en faire cautionner le montant à l'entrée, et de se munir d'un permis de passe-debout.

La somme consignée ne sera rendue, ou la caution libérée, qu'au départ des huiles, et après que la sortie du lieu en aura été justifiée.

Lorsqu'il sera possible de faire escorter les chargemens, le conducteur sera dispensé de consigner ou de faire cautionner le droit.

96. Les huiles conduites à un marché, dans un lieu sujet au droit d'entrée, seront soumises aux formalités prescrites par l'article précédent.

97. Tout négociant ou propriétaire qui fera conduire dans un lieu sujet au droit d'entrée, au moins un hectolitre d'huile, pourra en réclamer l'admission en entrepôt, et ne sera tenu

d'acquitter le droit que sur les quantités non représentées, et qu'il ne justifiera pas avoir fait sortir de la commune.

La durée de l'entrepôt est illimitée.

98. Les fruits, graines ou autres substances destinées à faire de l'huile ne seront soumis à aucun droit d'entrée; le droit ne sera dû que sur l'huile en provenant. A cet effet, la fabrication aura lieu sous la surveillance de la régie.

Les visites des employés chargés de constater les produits de la fabrication, pourront être faites de nuit et de jour, et sans l'assistance d'un officier public, dans les moulins ou autres établissemens où l'huile sera fabriquée, pendant le moment de la fabrication.

99. Les huiles fabriquées dans les lieux sujets aux droits d'entrée, seront également admises à jouir de l'entrepôt. Il sera accordé par la régie, sur les huiles nouvellement fabriquées qui seront prises en charge au compte de l'entrepositaire, ou enlevées pour la consommation du lieu immédiatement après avoir été fabriquées, une déduction dont la quotité sera déterminée par le préfet, en conseil de préfecture, sur la proposition du directeur de la régie, et réglée d'après la nature des substances employées; les procédés particuliers de la fabrication et les usages locaux.

100. La faculté de l'entrepôt pourra encore être accordée à des particuliers qui recevraient des huiles pour être conduites, après leur arrivée, soit à la campagne, soit dans une autre résidence; la déclaration devra en être faite au moment de l'arrivée des huiles.

101. Les entrepositaires d'huiles seront soumis à toutes les obligations imposées aux marchands en gros de boissons, par la loi du 28 avril 1816. Ils seront tenus, en outre, de produire aux commis, lors de leurs exercices, des certificats de sortie pour les huiles qu'ils auront expédiées pour l'extérieur, et des quittances du droit d'entrée pour celles qu'ils auront livrées à l'intérieur. A la fin de chaque mois, ils seront soumis au paiement de ce même droit sur les quantités manquantes à leurs charges.

102. Lorsque les huiles auront été emmagasinées dans un entrepôt public sous la clef de la régie, il ne sera exigé aucun droit de l'entrepositaire pour les manquans à ses charges.

103. Les personnes qui auront droit à l'entrepôt, pourront l'obtenir à domicile, lors même qu'il existerait dans le lieu un entrepôt public (Paris excepté).

104. Les filateurs de laines, les fabricans de tissus de laine, de savon et de toile cirée, ou de taffetas ciré, les teinturiers de coton en rouge, les tanneurs, corroyeurs et mégissiers, pourront recevoir en entrepôt les huiles qui seront nécessaires à leur fabrication, et elles seront exemptes de droit.

105. Les huiles qui, lors de la mise à exécution de la présente loi, se trouveront en quantité supérieure à deux hectolitres en la possession des commerçans en huiles dans les lieux sujets aux entrées, seront soumises aux droits, au moyen d'une déclaration que les commerçans seront tenus de faire au bureau de la régie, et dont l'exactitude pourra être vérifiée par les employés.

Les commerçans qui réclameront l'entrepôt, seront admis à jouir de cette faculté, en se conformant aux obligations qui leur seront imposées par la loi, et si mieux ils n'aiment, lorsque le montant du droit s'élèvera à cent francs et au-dessus, l'acquitter en obligations dûment cautionnées, à trois, six, neuf et douze mois de terme.

106. En cas de soupçon à l'égard des commerçans ayant en magasin des huiles qu'ils n'auraient pas déclarées en vertu de l'article précédent, les employés de la régie pourront faire des visites dans l'intérieur de leurs habitations, en se faisant assister du juge de paix, du maire, de son adjoint ou du commissaire de police, chacun desquels sera tenu de déférer à la réquisition qui lui en sera faite, et qui sera transcrite en tête du procès-verbal.

Ces visites ne pourront avoir lieu que d'après l'ordre d'un employé du grade de contrôleur au moins, qui rendra compte des motifs au directeur.

107. Toute personne admise à jouir de la faculté de l'entre-

pôt, à raison d'un commerce quelconque d'huile, sera tenue de se munir annuellement d'une licence dont le prix est fixé à dix francs.

108. Les droits d'octroi qui seront établis à l'avenir sur les huiles, ne pourront excéder ceux qui seront perçus aux entrées des villes au profit du Trésor.

109. Les contraventions aux dispositions du présent paragraphe seront punies de la confiscation des huiles saisies, et d'une amende de cent à deux cents francs, suivant la gravité du délit.

Si la fraude a lieu en voiture suspendue, l'amende sera de mille francs.

En cas de fraude par escalade, par souterrain ou à main armée, il sera infligé aux contrevenans une peine correctionnelle de six mois de prison, outre l'amende et la confiscation.

110. Les personnes voyageant à pied, à cheval, ou en voitures particulières et suspendues, ne seront pas assujetties aux visites des commis à l'entrée des villes soumises au droit d'entrée.

111. Les courriers ne pourront être arrêtés à leur passage sous prétexte de la visite; mais, à l'effet d'assurer la perception des droits sur les objets qui en seront passibles, et dont ils seraient porteurs, les employés pourront accompagner les malles et assister à leur déchargement.

§ V. — *Dispositions diverses.*

123. Les droits créés ou maintenus par la loi du 28 avril 1816, et par la présente, seront passibles du décime pour franc établi par l'article 232 de ladite loi.

Continueront seulement à être exemptes du décime, les perceptions qui sont faites sur les canaux affermés, la pêche, les francs-bords, les ponts, les bacs et passages d'eau.

126. Il sera procédé, à l'égard du produit des amendes et confiscations relatives aux droits établis ou maintenus par les paragraphes 2, 3 et 4 du présent titre, comme à l'égard des saisies en matière d'octroi.

Extrait du Décret du 1er Germinal an XIII, *sur le Contentieux.*

CHAPITRE VI.

Des Commis et des Procès-verbaux.

20. Les préposés de la régie seront âgés au moins de vingt-un ans accomplis : ils seront tenus, avant d'entrer en fonctions, de prêter serment devant le juge de paix ou le tribunal civil de l'arrondissement dans lequel ils exercent ; ce serment sera enregistré au greffe, et transcrit sur leur commission, sans autres frais que ceux d'enregistrement et de greffe, et sans qu'il soit nécessaire d'employer le ministère d'avoués.

21. Les procès-verbaux énonceront la date et la cause de la saisie, la déclaration qui en aura été faite au prévenu, les noms, qualités et demeures des saisissans et de celui chargé des poursuites, l'espèce, poids ou mesure des objets saisis, la présence de la partie à leur description, ou la sommation qui lui aura été faite d'y assister, le nom et la qualité du gardien s'il y a lieu, le lieu de la rédaction du procès-verbal et l'heure de sa clôture.

22. Dans le cas où le motif de la saisie portera sur le faux et l'altération des expéditions, le procès-verbal énoncera le genre de faux, les altérations ou surcharges.

Lesdites expéditions, signées et paraphées des saisissans, *ne varietur*, seront annexées au procès-verbal, qui contiendra la sommation faite à la partie de les parapher, et sa réponse.

23. Il sera offert main-levée, sous caution solvable, ou en consignant la valeur des navires, bateaux, voitures, chevaux et équipages saisis pour autre cause que pour importation d'objets dont la consommation est défendue ; et cette offre, ainsi que la réponse de la partie, sera mentionnée au procès-verbal.

24. Si le prévenu est présent, le procès-verbal énoncera qu'il lui en a été donné lecture et copie ; en cas d'absence du

prévenu, la copie sera affichée, dans le jour, à la porte de la maison commune du lieu de la saisie.

Ces procès-verbaux et affiches pourront être faits tous les jours indistinctement.

25. Les procès-verbaux seront affirmés au moins par deux des assistans, dans les trois jours, devant le juge de paix ou l'un de ses suppléans; l'affirmation énoncera qu'il en a été donné lecture aux affirmans.

26. Les procès-verbaux, ainsi rédigés et affirmés, seront crus jusqu'à inscription de faux.

Les tribunaux ne pourront admettre, contre lesdits procès-verbaux, d'autres nullités que celles résultant de l'omission des formalités prescrites par les articles précédens.

27. Tout préposé destitué ou démissionnaire sera tenu, sous peine d'y être contraint, même par corps, de remettre à la régie ou à son fondé de pouvoirs, en quittant son emploi, sa commission, ainsi que les registres et autres effets dont il aura été chargé par la régie, et de rendre ses comptes.

CHAPITRE VII.

De la Procédure judiciaire sur les Procès-verbaux de contravention.

28. L'assignation à fin de condamnation sera donnée dans la huitaine au plus tard de la date du procès-verbal; elle pourra être donnée par les commis.

29. Si le tribunal juge la saisie mal fondée, il pourra condamner la régie, non-seulement aux frais du procès et à ceux de fourrière, le cas échéant, mais encore à une indemnité proportionnée à la valeur des objets dont le saisi aura été privé pendant le temps de la saisie, jusqu'à leur remise ou l'offre qui en aura été faite; mais cette indemnité ne pourra excéder un pour cent par mois de la valeur desdits objets.

30. Si, par l'effet de la saisie, et leur dépôt dans un lieu et à la garde d'un dépositaire qui n'aurait pas été choisi ou indiqué par le saisi, les objets saisis avaient dépéri avant leur

remise ou les offres valables de les remettre, la régie pourra être condamnée d'en payer la valeur ou l'indemnité de leur dépérissement.

31. Dans le cas où la saisie n'étant pas déclarée valable, la régie des droits réunis interjetterait appel du jugement, les navires, voitures et chevaux saisis, et tous les objets sujets à dépérissement, ne seront remis que sous caution solvable, après estimation de leur valeur.

32. L'appel devra être notifié dans la huitaine de la signification du jugement, sans citation préalable au bureau de paix et de conciliation; après ce délai, il ne sera point recevable, et le jugement sera exécuté purement et simplement. La déclaration d'appel contiendra assignation à trois jours, devant le tribunal criminel du ressort de celui qui aura rendu le jugement; le délai de trois jours sera prorogé d'un jour par chaque deux myriamètres de distance du domicile du défendeur au chef-lieu du tribunal.

33. Si la saisie est jugée bonne, et qu'il n'y ait pas d'appel dans la huitaine de la signification, le neuvième jour le préposé du bureau indiquera la vente des objets confisqués par une affiche signée de lui, et apposée tant à la porte de la maison commune qu'à celle de l'auditoire du juge de paix, et procédera à la vente publique cinq jours après.

34. Dans le cas où le procès-verbal portant saisie d'objets prohibés serait annullé pour vice de forme, la confiscation desdits objets sera néanmoins prononcée sans amende, sur les conclusions du poursuivant ou du procureur royal.

La confiscation des objets saisis en contravention sera également prononcée, nonobstant la nullité du procès-verbal, si la contravention se trouve d'ailleurs suffisamment constatée par l'instruction.

35. Les propriétaires des marchandises seront responsables du fait de leurs facteurs, agens ou domestiques, en ce qui concerne les droits, confiscations, amendes et dépens.

36. La confiscation des objets saisis pourra être poursuivie et prononcée contre les conducteurs, sans que la régie soit

tenue de mettre en cause les propriétaires, quand même ils lui seraient indiqués ; sauf, si les propriétaires intervenaient, ou étaient appelés par ceux sur lesquels les saisies auraient été faites, à être statué, ainsi que de droit, sur leurs interventions ou réclamations.

37. Les condamnations pécuniaires contre plusieurs personnes, pour un même fait de fraude, seront solidaires.

38. Les objets, soit saisis pour fraude ou contravention, soit confisqués, ne pourront être revendiqués par les propriétaires ; ni le prix, soit qu'il soit consigné ou non, réclamé par aucun créancier, même privilégié ; sauf leur recours contre les auteurs de la fraude.

39. Les juges ne pourront, à peine d'en répondre en leur propre et privé nom, modérer les confiscations et amendes, ni en ordonner l'emploi au préjudice de la régie.

CHAPITRE VIII.

De l'Inscription de Faux.

40. Celui qui voudra s'inscrire en faux contre un procès-verbal, sera tenu d'en faire la déclaration par écrit, en personne, ou par un fondé de pouvoir spécial passé devant notaire, au plus tard à l'audience indiquée par l'assignation à fin de condamnation : il devra, dans les trois jours suivans, faire au greffe dudit tribunal le dépôt des moyens de faux, et des noms et qualités des témoins qu'il voudra faire entendre ; le tout à peine de déchéance de l'inscription de faux.

Cette déclaration sera reçue et signée par le président du tribunal et le greffier, dans le cas où le déclarant ne saurait écrire ni signer.

41. Le délai pour l'inscription de faux contre le procès-verbal ne commencera à courir que du jour de la signification de la sentence, si elle a été rendue par défaut.

42. Les moyens de faux proposés dans le délai et dans la forme réglés par l'art. 41 ci-dessus, par les prévenus, contre les procès-verbaux des préposés de la régie des droits réunis,

ne seront admis qu'autant qu'ils tendront à justifier les prévenus de la fraude ou des contraventions qui leur sont imputées.

CHAPITRE IX.

Des Contraintes.

43. La régie pourra employer contre les redevables en retard les voies de contrainte.

44. La contrainte sera décernée par le directeur ou receveur de la régie ; elle sera visée et déclarée exécutoire, sans frais, par le juge de paix du canton où le bureau de perception est établi, et pourra être notifiée par les préposés de la régie.

Le juge de paix ne pourra refuser de viser la contrainte pour être exécutée, à peine de répondre des valeurs pour lesquelles la contrainte aura été décernée.

45. L'exécution de la contrainte ne pourra être suspendue que par une opposition formée par le redevable ; l'opposition sera motivée, et contiendra assignation à jour fixe devant le tribunal civil de l'arrondissement, avec élection de domicile dans la commune où siége le tribunal : le délai pour l'échéance de l'assignation ne pourra excéder huit jours ; le tout à peine de nullité de l'opposition.

CHAPITRE X.

Dispositions générales.

46. Sont exceptées des dispositions précédentes, les contraventions aux lois sur la taxe d'entretien des routes et sur les canaux, la navigation intérieure et les droits de bacs, lesquelles continueront d'être constatées, poursuiviés et jugées suivant les formes prescrites par la loi du 14 brumaire an 7.

47. La régie aura privilége et préférence à tous les créanciers, sur les meubles et effets mobiliers des comptables pour leurs débets, et sur ceux des redevables pour les droits, à l'exception des frais de justice, de ce qui sera dû pour six mois de loyer seulement, et sauf aussi la revendication dûment

ormée par les propriétaires des marchandises en nature qui seront encore sous balle et sous corde.

48. Toutes saisies du produit des droits, faites entre les mains des préposés de la régie, ou dans celles de ses redevables, seront nulles et de nul effet.

49. Dans le cas d'apposition des scellés sur les effets et papiers des comptables, les registres de recette et autres de l'année courante ne seront pas renfermés sous les scellés : lesdits registres seront seulement arrêtés et paraphés par le juge, qui les remettra au préposé chargé de la recette par *intérim*, lequel en demeurera garant, comme dépositaire de justice, et il en sera fait mention dans le procès-verbal d'apposition de scellés.

50. La prescription est acquise à la régie contre toutes demandes en restitution de droits et marchandises, paiement d'appointemens, après un délai révolu de deux années : elle est acquise aux redevables contre la régie, pour les droits que ses préposés n'auraient pas réclamés dans l'espace d'un an, à compter de l'époque où ils étaient exigibles.

La régie est déchargée de la garde des registres des recettes antérieures de trois années à l'année courante.

51. La force publique sera tenue de prêter assistance aux préposés de la régie dans l'exercice de leurs fonctions.

52. Les redevables sur lesquels auraient été protestées, faute de paiement, des obligations souscrites par eux envers la régie par suite de crédits obtenus, seront contraignables par corps.

53. Tous commis à la perception des octrois des villes, ayant serment en justice, sont autorisés à rendre leurs procès-verbaux de la fraude qu'ils découvrent contre les droits réunis; et de même les commis de la régie, pour les fraudes qu'ils découvriront contre les octrois.

Ordonnance du Roi portant réglement sur les Octrois.

Au Château des Tuileries, le 9 Décembre 1814.

Louis, etc.

Vu les lois et réglemens généraux maintenus par la loi du 8 décembre 1814, pour l'administration et la perception des octrois; voulant en assurer l'exécution pleine, entière et uniforme, et prévenir toute interprétation fausse ou abusive sur aucune de leurs dispositions, nous avons jugé indispensable de présenter, dans une seule et même ordonnance, toutes les mesures générales d'exécution qui dérivent des lois et réglemens ci-dessus rappelés :

Sur le rapport de notre ministre secrétaire d'état des finances,

Nous avons ordonné et ordonnons ce qui suit :

TITRE PREMIER.

Dispositions transitoires.

Art. 1er En exécution de l'article 121 de la loi du 8 décembre 1814, le service des octrois sera remis aux maires, le 1er janvier 1815, par la régie des impositions indirectes. Cette remise et celle des maisons, ustensiles, effets de bureau et autres, servant à la perception des octrois, seront constatées par un procès-verbal rédigé en quadruple expédition, lequel sera signé par le maire et le préposé en chef de la régie dans chaque résidence, ou par des commissaires délégués à cet effet, de part et d'autre, dans les villes où cela sera jugé nécessaire. Un des procès-verbaux sera déposé à la mairie; un autre sera remis au directeur des impositions indirectes dans le département; le troisième sera adressé au préfet, et le quatrième à la régie des impositions indirectes.

2. Dans les communes où le maire voudra traiter de gré à gré avec cette régie pour la perception de l'octroi, conformément à l'article 122 de la loi précitée, la remise du service n'aura pas lieu, moyennant que le maire souscrive une décla-

ration formelle de cette intention, et que dans le mois de janvier, pour tout délai, il adresse sa demande au préfet, ainsi qu'il sera statué par l'article 94 : jusqu'à ce que ce traité ait été conclu, les frais d'administration et de perception seront payés à la régie au prorata de ce qu'ils auront été en 1814.

3. La régie des impositions indirectes fera rendre aux communes, par ses receveurs, dans le premier trimestre de 1815, le compte des perceptions de 1814, et verser immédiatement les sommes dont ils seront reliquataires. En cas d'avance de la part de la régie ou de ses préposés, pour quelque cause que ce soit, elle exercera son recours contre le receveur de la commune, par toutes les voies de droit, même par forme de contrainte.

4. Les registres, bordereaux et autres pièces relatives à l'administration ou à la perception des octrois, resteront déposés chez les contrôleurs principaux des impositions indirectes. Les maires ou leurs délégués pourront en prendre communication, toutes les fois qu'ils le jugeront convenable, mais sans déplacement.

TITRE II.

De l'Établissement des Octrois.

5. Les octrois sont établis pour subvenir aux dépenses qui sont à la charge des communes : ils doivent être délibérés d'office par les conseils municipaux. Cette délibération peut aussi être provoquée par le préfet, lorsqu'à l'examen du budget d'une commune, il reconnaît l'insuffisance de ses revenus ordinaires, soit pour couvrir les dépenses annuelles, soit pour acquitter les dettes arriérées, ou pourvoir aux besoins extraordinaires de la commune.

6. Les délibérations portant établissement d'un octroi sont adressées par le maire au sous-préfet, et renvoyées par celui-ci, avec ses observations, au préfet, qui les transmet également, avec son avis, à notre ministre de l'intérieur, lequel permet, s'il y a lieu, l'établissement de l'octroi demandé,

et autorise le conseil municipal à délibérer les tarifs et réglemens.

7. Les projets de réglement et de tarif délibérés par les conseils municipaux, en vertu de l'autorisation de notre ministre de l'intérieur, parviennent de même aux préfets, avec l'avis des maires et des sous-préfets. Les préfets les transmettent à notre directeur général des impositions indirectes, pour être soumis à notre ministre des finances, sur le rapport duquel nous accordons notre approbation, s'il y a lieu.

8. Les changemens proposés par les maires ou les conseils municipaux, aux tarifs ou réglemens en vigueur, et ceux jugés nécessaires par l'autorité supérieure, ne peuvent être exécutés qu'ils n'aient été délibérés et approuvés de la manière prescrite par les articles précédens.

9. Si les conseils municipaux refusent ou négligent de délibérer sur l'établissement d'un octroi reconnu nécessaire, ou sur les changemens à apporter aux tarifs et réglemens, il nous en sera rendu compte, dans le premier cas, par notre ministre de l'intérieur, et, dans le deuxième, par notre ministre des finances, sur les rapports desquels nous statuerons ce qu'il appartiendra.

10. Les frais de premier établissement, de régie et de perception des octrois des villes sujettes au droit d'entrée, seront proposés par le conseil municipal, et soumis, par la régie des impositions indirectes, à l'approbation de notre ministre des finances : dans les autres communes, ces frais seront réglés par les préfets. Dans aucun cas, et sous aucun prétexte, les maires ne pourront excéder les frais alloués, sous peine d'en répondre personnellement.

TITRE III.

Des Matières qui peuvent être soumises au Droit d'octroi.

11. Aucun tarif d'octroi ne pourra porter que sur des objets destinés à la consommation des habitans du lieu sujet. Ces objets seront toujours compris dans les cinq divisions suivantes ;

SAVOIR :

1° Boissons et liquides;
2° Comestibles;
3° Combustibles;
4° Fourrages;
5° Matériaux.

12. Sont compris dans la première division les vins, vinaigres, cidres, poirés, bières, hydromels, eaux-de-vie, esprits, liqueurs et eaux spiritueuses.

Les droits d'octroi sur les vins, cidres, poirés, eaux-de-vie et liqueurs, ne pourront excéder ceux perçus aux entrées des villes sur les mêmes boissons pour le compte du Trésor public (Paris excepté).

Les vendanges ou fruits à cidre ou à poiré seront assujettis aux droits, à raison de trois hectolitres de vendange pour deux hectolitres de vin, et de cinq hectolitres de pommes ou de poires pour deux hectolitres de cidre ou de poiré.

13. Les eaux-de-vie et esprits doivent être divisés, pour la perception, d'après les degrés, conformément au tarif des droits d'entrée.

Les eaux dites de Cologne, de la reine d'Hongrie, de mélisse et autres dont la base est l'alcohol, doivent être tarifées comme les liqueurs.

14. Dans les pays où la bière est la boisson habituelle et générale, celle importée, quelle que soit sa qualité, ne pourra être, au plus, taxée qu'au quart en sus du droit sur la bière fabriquée dans l'intérieur.

15. Les huiles peuvent aussi, suivant les localités, être imposées : la taxe en est déterminée suivant leur qualité ou leur emploi.

16. Sont compris dans la deuxième division les objets servant habituellement à la nourriture des hommes, à l'exception toutefois des grains et farines, fruits, beurre, lait, légumes et autres menues denrées.

17. Ne sont point compris dans ces exceptions les fruits secs

et confits, les pâtes, les oranges, les limons et citrons, lorsque ces objets sont introduits dans les villes en caisses, tonneaux, barils, paniers ou sacs, ni le beurre et les fromages venant de l'étranger.

18. Les bêtes vivantes doivent être taxées par tête. Les bestiaux abattus au-dehors et introduits par quartier paieront au prorata de la taxe par tête. A l'égard des viandes dépecées, fraîches ou salées, elles sont imposées au poids.

19. Les coquillages, le poisson de mer frais, sec ou salé de toute espèce, et celui d'eau douce, peuvent être assujettis aux droits d'octroi, suivant les usages locaux, soit à raison de leur valeur vénale, soit à raison du nombre ou du poids, soit par paniers, barils ou tonneaux.

20. Sont compris dans la troisième division, 1° toute espèce de bois à brûler, les charbons de bois et de terre, la houille, la tourbe, et généralement toutes les matières propres au chauffage; 2° les suifs, cires et huiles à brûler.

21. La quatrième division comprend les pailles, foins et tous les fourrages verts ou secs, de quelque nature, espèce ou qualité qu'ils soient. Le droit doit être réglé par botte ou au poids.

22. Sont compris dans la cinquième division les bois, soit en grume, soit équarris, façonnés ou non, propres aux charpentes, constructions, menuiserie, ébénisterie, tour, tonnellerie, vannerie et charronnage.

Y sont également compris les pierres de taille, moellons, pavés, ardoises, tuiles de toute espèce, briques, craies et plâtre.

23. Pour toutes les matières désignées au présent titre, les droits doivent être imposés par hectolitre, kilogramme, mètre cube ou carré, ou stère, ou par fractions de ces mesures. Cependant, lorsque les localités ou la nature des objets l'exigent, le droit peut être fixé au cent ou au millier, ou par voiture, charge ou bateau.

24. Les objets récoltés, préparés ou fabriqués dans l'intérieur d'un lieu soumis à l'octroi, ainsi que les bestiaux qui y

sont abattus, seront toujours assujettis par le tarif au même droit que ceux introduits de l'extérieur.

TITRE IV.

De la Perception.

25. Les réglemens d'octroi doivent déterminer les limites de la perception, les bureaux où elle doit être opérée, et les obligations et formalités particulières à remplir par les redevables ou les employés en raison des localités, sans toutefois que ces règles particulières puissent déroger aux dispositions de la présente ordonnance.

26. Les droits d'octroi seront toujours perçus dans les faubourgs des lieux sujets; mais les dépendances rurales entièrement détachées du lieu principal en seront affranchies. Les limites du territoire auquel la perception s'étendra, seront indiquées par des poteaux, sur lesquels seront inscrits ces mots : *Octroi de......*

27. Il ne pourra être introduit d'objets assujettis à l'octroi, que par les barrières ou bureaux désignés à cet effet. Les tarifs et réglemens seront affichés dans l'intérieur et à l'extérieur de chaque bureau, lequel sera indiqué par un tableau portant ces mots : *Bureau de l'Octroi.*

28. Tout porteur ou conducteur d'objets assujettis à l'octroi sera tenu, avant de les introduire, d'en faire la déclaration au bureau, d'exhiber aux préposés de l'octroi les lettres de voiture, connaissemens, chartes-parties, acquits-à-caution, congés, passavans et toutes autres expéditions délivrées par la régie des impositions indirectes, et d'acquitter les droits, sous peine d'une amende égale à la valeur de l'objet soumis au droit. A cet effet, les préposés pourront, après interpellation, faire, sur les bateaux, voitures et autres moyens de transport, toutes les visites, recherches et perquisitions nécessaires, soit pour s'assurer qu'il n'y existe rien qui soit sujet aux droits, soit pour reconnaître l'exactitude des déclarations.

Les conducteurs seront tenus de faciliter toutes les opérations nécessaires auxdites vérifications.

La déclaration relative aux objets arrivant par eau contiendra la désignation du lieu de déchargement, lequel ne pourra s'effectuer que les droits n'aient été acquittés, ou au moins valablement soumissionnés.

29. Tout objet sujet à l'octroi, qui, nonobstant l'interpellation faite par les préposés, serait introduit sans avoir été déclaré, ou sur une déclaration fausse ou inexacte, sera saisi.

30. Les personnes voyageant à pied, à cheval ou en voiture particulière suspendue, ne pourront être arrêtées, questionnées ou visitées sur leurs personnes ou en raison de leurs malles ou effets. Tout acte contraire à la présente disposition sera réputé acte de violence; et les préposés qui s'en rendront coupables, seront poursuivis correctionnellement, et punis des peines prononcées par les lois.

31. Tout individu soupçonné de faire la fraude à la faveur de l'exception ordonnée par l'article précédent, pourra être conduit devant un officier de police, ou devant le maire, pour y être interrogé, et la visite de ses effets autorisée, s'il y a lieu.

32. Les diligences, fourgons, fiacres, cabriolets et autres voitures de louage, sont soumis aux visites des préposés de l'octroi.

33. Les courriers ne pourront être arrêtés à leur passage, sous prétexte de la perception; mais ils seront obligés d'acquitter les droits sur les objets soumis à l'octroi qu'ils introduiront dans un lieu sujet. A cet effet, des préposés de l'octroi seront autorisés à assister au déchargement des malles.

Tout courrier, tout employé des postes, ou de toute autre administration publique, qui serait convaincu d'avoir fait ou favorisé la fraude, outre les peines résultant de la contravention, sera destitué par l'autorité compétente.

34. Dans les communes où la perception ne pourra être opérée à l'entrée, il sera établi au centre, suivant les localités, un ou plusieurs bureaux. Dans ce cas, les conducteurs

ne pourront décharger les voitures ni introduire au domicile des destinataires les objets soumis à l'octroi, avant d'avoir acquitté les droits auxdits bureaux.

35. Il est défendu aux employés, sous peine de destitution et de tous dommages et intérêts, de faire usage de la sonde dans la visite des caisses, malles et ballots annoncés contenir des effets susceptibles d'être endommagés : dans ce cas, comme dans tous ceux où le contenu des caisses ou ballots sera inconnu ou ne pourrait être vérifié immédiatement, la vérification en sera faite, soit à domicile, soit dans les emplacemens à ce destinés.

36. Toute personne qui récolte, prépare ou fabrique dans l'intérieur d'un lieu sujet, des objets compris au tarif, est tenue, sous peine de l'amende prononcée par l'article 28, d'en faire la déclaration, et d'acquitter immédiatement le droit, si elle ne réclame la faculté de l'entrepôt.

Les préposés de l'octroi peuvent reconnaître à domicile les quantités récoltées, préparées ou fabriquées, et faire toutes les vérifications nécessaires pour prévenir la fraude. A défaut de paiement du droit, il est décerné, contre les redevables, des contraintes, qui sont exécutoires nonobstant opposition et sans y préjudicier.

TITRE V.

Du Passe-debout et du Transit.

37. Le conducteur d'objets soumis à l'octroi, qui voudra traverser seulement un lieu sujet, ou y séjourner moins de vingt-quatre heures, sera tenu d'en faire la déclaration au bureau d'entrée, conformément à ce qui est prescrit par l'art. 28, et de se munir d'un permis de passe-debout, qui sera délivré sur le cautionnement ou la consignation des droits. La restitution des sommes consignées, ainsi que la libération de la caution, s'opéreront au bureau de la sortie.

Lorsqu'il sera possible de faire escorter les chargemens, le conducteur sera dispensé de consigner ou de faire cautionner les droits.

38. En cas de séjour au-delà de vingt-quatre heures, dans un lieu sujet à l'octroi, d'objets introduits sur une déclaration de passe-debout, le conducteur sera tenu de faire, dans ce délai et avant le déchargement, une déclaration de transit, avec indication du lieu où lesdits objets seront déposés, lesquels devront être représentés aux employés à toute réquisition. La consignation ou le cautionnement du droit subsisteront pendant toute la durée du séjour.

39. Les réglemens locaux d'octroi pourront désigner des lieux où les conducteurs d'objets en passe-debout ou en transit seront tenus de les déposer pendant la durée du séjour, ainsi que des ports ou quais où les navires, bateaux, coches, barques et diligences devront stationner.

40. Les voitures et transports militaires chargés d'objets assujettis aux droits sont soumis aux règles prescrites par les articles précédens, relativement au transit et au passe-debout.

TITRE VI.

De l'Entrepôt.

41. L'entrepôt est la faculté donnée à un propriétaire ou à un commerçant, de recevoir et d'emmagasiner dans un lieu sujet à l'octroi, sans acquittement du droit, des marchandises qui y sont assujetties et auxquelles il réserve une destination extérieure.

L'entrepôt peut être réel, ou fictif, c'est-à-dire à domicile : il est toujours illimité. Les réglemens locaux doivent déterminer les objets pour lesquels l'entrepôt est accordé, ainsi que les quantités au-dessous desquelles on ne peut l'obtenir.

42. Toute personne qui fait conduire dans un lieu sujet à l'octroi, des marchandises comprises au tarif, pour y être entreposées, soit réellement, soit fictivement, est tenue, sous peine de l'amende prononcée par l'article 28, d'en faire la déclaration préalable au bureau de l'octroi, de s'engager à acquitter le droit sur les quantités qu'elle ne justifierait pas avoir fait sortir de la commune, de se munir d'un bulletin d'en-

trepôt, et, en outre, si l'entrepôt est fictif, de désigner les magasins, chantiers, caves, celliers ou autres emplacemens où elle veut déposer lesdites marchandises.

43. L'entrepositaire est tenu de faire une déclaration au bureau de l'octroi, des objets entreposés qu'il veut expédier au-dehors, et de les représenter aux préposés des portes ou barrières, lesquels, après vérification des quantités et espèces, délivrent un certificat de sortie.

44. Les préposés de l'octroi tiennent un compte d'entrée et de sortie des marchandises entreposées : à cet effet, ils peuvent faire à domicile, dans les magasins, chantiers, caves, celliers des entrepositaires, toutes les vérifications nécessaires pour reconnaître les objets entreposés, constater les quantités restantes, et établir le décompte des droits dus sur celles pour lesquelles il n'est pas représenté de certificat de sortie. Ces droits doivent être acquittés immédiatement par les entrepositaires ; et, à défaut, il est décerné contre eux des contraintes, qui sont exécutoires nonobstant opposition et sans y préjudicier.

45. Lors du réglement de compte des entrepositaires, il leur est accordé une déduction sur les marchandises entreposées dont le poids ou la quantité est susceptible de diminuer. Cette déduction, pour les boissons, est la même que celle fixée par l'article 90 de la loi du 8 décembre 1814, relativement aux droits d'entrée. La quotité doit en être déterminée, pour les autres objets, par les réglemens locaux.

46. Dans les communes où la perception des droits sur les vendanges, pommes ou poires, ne peut être opérée au moment de l'introduction, l'administration de l'octroi accordera l'entrepôt à tous les récoltans, et sera autorisée à faire faire un recensement général pour constater les quantités de vin, de cidre ou de poiré fabriquées. Les préposés de l'octroi se borneront, dans ce cas, à faire chaque année deux vérifications à domicile chez les propriétaires qui n'entreposent que les seuls produits de leur crû, l'une avant, l'autre après la récolte.

47. Dans le cas d'entrepôt réel, les marchandises pour lesquelles il est réclamé, sont placées dans un magasin public,

sous la garde d'un conservateur et sous la garantie de l'administration de l'octroi, laquelle est responsable des altérations ou avaries qui proviennent du fait de ses préposés.

48. Les objets reçus dans un entrepôt réel sont, après vérification, marqués ou rouannés, et inscrits par le conservateur sur un registre à souche, et avec indication de l'espèce, la quantité et la qualité de l'objet entreposé, des marques et numéros des futailles ou colis, et des noms et demeure du propriétaire : un récépissé détaché de la souche, contenant les mêmes indications, et signé par le conservateur, est remis à l'entrepositaire.

49. Pour retirer de l'entrepôt les marchandises qui y ont été admises, l'entrepositaire est tenu de représenter le récépissé d'admission, de déclarer les objets qu'il veut enlever, et de signer sa déclaration pour opérer la décharge du conservateur; il est tenu, en outre, d'acquitter les droits pour les objets qu'il fait entrer dans la consommation de la commune, de se munir d'une expédition pour ceux destinés à l'extérieur, et de rapporter au dos un certificat de sortie, délivré par les préposés aux portes.

50. Les cessions de marchandises pourront avoir lieu dans l'entrepôt, moyennant une déclaration de la part du vendeur et la remise du récépissé d'admission : il en sera délivré un autre à l'acheteur, dans la forme prescrite par l'article 48.

51. L'entrepôt réel sera ouvert en tout temps aux entrepositaires, tant pour y soigner leurs marchandises que pour y conduire les acheteurs.

52. Les rouliers ou conducteurs qui déposeront à l'entrepôt réel, des marchandises refusées par les destinataires, pourront obtenir de l'administration de l'octroi le paiement des frais de transport et des déboursés dûment justifiés.

53. A défaut, par le propriétaire d'objets entreposés, de veiller à leur conservation, le conservateur se fera autoriser par le maire à y pourvoir. Les frais d'entretien et de conservation seront remboursés à l'administration de l'octroi sur les mémoires et états réglés par le maire.

54. Les propriétaires d'objets entreposés sont tenus d'acquitter, tous les mois, les frais de magasinage, lesquels doivent être déterminés par le réglement général de l'octroi, ou par un réglement particulier, approuvé de notre ministre des finances.

55. Si, par suite de dépérissement d'objets entreposés ou par toute autre cause, leur valeur, au dire d'experts appelés d'office par l'administration de l'octroi, n'excède pas moitié en sus des sommes qui peuvent être dues pour frais d'entretien, frais de transport ou magasinage, il sera fait sommation au propriétaire ou à son représentant, de retirer lesdits objets; et, à défaut, ils seront vendus publiquement par ministère d'huissier. Le produit net de la vente, déduction des sommes dues, avec intérêt à raison de cinq pour cent par an, sera déposé dans la caisse municipale, et tenu à la disposition du propriétaire.

TITRE VII.

Du Personnel.

56. Conformément à l'art. 4 de la loi du 27 frimaire an VIII, la nomination des préposés d'octroi sera faite de la manière suivante :

Notre directeur général des impositions indirectes est autorisé à établir et à commissionner, lorsqu'il le jugera nécessaire, un préposé en chef auprès de chaque octroi.

Notre ministre des finances est également autorisé à nommer et commissionner, sur la proposition du directeur général des impositions indirectes, un directeur et deux régisseurs pour l'octroi et l'entrepôt de Paris.

Les autres préposés d'octroi sont nommés par les préfets, sur une liste triple présentée par le maire.

57. Les préfets sont tenus de révoquer immédiatement, sur la demande de notre directeur général des impositions indirectes, tout préposé d'octroi signalé comme prévaricateur dans l'exercice de ses fonctions, ou comme ne les remplissant pas convenablement.

58. Les préposés de l'octroi doivent être âgés au moins de vingt-un ans accomplis. Ils sont tenus de prêter serment devant le tribunal civil de la ville dans laquelle ils exerceront, et, dans les lieux où il n'y a pas de tribunal, devant le juge de paix. Ce serment est enregistré au greffe, sans qu'il soit nécessaire d'employer le ministère d'avoué.

Il est dû seulement un droit fixe d'enregistrement de trois francs.

59. Le cas de changement de résidence d'un préposé arrivant, il n'y a pas lieu à une nouvelle prestation de serment; il lui suffit de faire viser sa commission, sans frais par le juge de paix ou le président du tribunal civil du lieu où il doit exercer.

60. Les préposés d'octroi doivent toujours être porteurs de leur commission, et sont tenus de la représenter lorsqu'ils en seront requis.

Le port d'armes est accordé aux préposés d'octroi dans l'exercice de leurs fonctions, comme aux employés des impositions indirectes.

61. Les créanciers des préposés d'octroi ne pourront saisir, sur les appointemens et remises de ces derniers, que les sommes fixes déterminées par la loi du 21 ventose an 9.

62. Tous les préposés comptables des octrois sont tenus de fournir un cautionnement en numéraire ou en cinq pour cent consolidés, dont la quotité est déterminée par le réglement, et qui ne peut être au-dessous de mille francs. Lorsque ces préposés font en même tems des perceptions pour le compte du Trésor public, leur cautionnement est fixé par notre ministre des finances. Ces cautionnemens sont versés à la caisse d'amortissement, qui en paie l'intérêt au taux fixé pour les employés des impositions indirectes.

63. Il est défendu à tous les préposés d'octroi, indistinctement, de faire le commerce des objets compris au tarif.

Tout préposé qui favorisera la fraude, soit en recevant des

présens, soit de toute autre manière, sera mis en jugement, et condamné aux peines portées par le code pénal contre les fonctionnaires publics prévaricateurs.

64. Tout préposé destitué ou démissionnaire sera tenu, sous peine d'y être contraint par corps, de remettre immédiatement sa commission, ainsi que les registres et autres effets dont il aura été chargé, et, s'il est receveur, de rendre ses comptes.

65. Les préposés de l'octroi sont placés sous la protection de l'autorité publique. Il est défendu de les injurier, maltraiter, et même de les troubler dans l'exercice de leurs fonctions, sous les peines de droit. La force armée est tenue de leur prêter secours et assistance, toutes les fois qu'elle en est requise.

TITRE VIII.

Des Écritures et de la Comptabilité de l'Octroi.

66. Tous les registres employés à la perception ou au service de l'octroi seront à souche. Les perceptions ou déclarations y seront inscrits sans interruption ni lacune. Les quittances ou expéditions qui en seront détachées continueront à n'être marquées que du timbre de la régie des impositions indirectes, dont le prix fixé par la loi à cinq centimes, sera acquitté par les redevables, et son produit versé dans les caisses de la régie.

67. Les recettes de l'octroi seront versées à la caisse municipale tous les cinq jours au moins, et plus souvent même dans les villes où les perceptions seront importantes.

68. La régie des impositions indirectes déterminera le mode de comptabilité des octrois, ainsi que la forme et le modèle des registres, expéditions, bordereaux, comptes et autres écritures relatives au service des octrois; elle fera faire la fourniture de toutes les impressions nécessaires, sur la demande des maires.

69. Tous les registres servant à la perception des droits

d'entrée sur les vins, cidres poirés, esprits et liqueurs, aux déclarations de passe-debout, de transit, d'entrepôt et de sortie pour les mêmes boissons ; ceux employés pour recevoir les déclarations de mise de feu de la part des brasseurs et distillateurs ; enfin les registres portatifs tenus pour l'exercice des redevables soumis en même temps aux droits d'octroi et à ceux dus au Trésor, seront communs aux deux services. La moitié des dépenses relatives à ces registres sera supportée par l'octroi, et payée sur les mémoires dressés par la régie, des impositions indirectes, approuvés par notre ministre des finances.

70. Les registres autres que ceux dont l'usage est commun aux octrois et aux droits d'entrée, seront cotés et paraphés par le maire : ils seront arrêtés par lui le dernier jour de chaque année, déposés à l'administration municipale, et renouvelés tous les ans. A l'égard des autres registres, les maires pourront en prendre communication sans déplacement, et en faire faire des extraits pour ce qui concerne les recettes des octrois.

71. Les états et bordereaux de recettes et de dépenses des octrois seront dressés aux époques qui auront été déterminées par la régie des impositions indirectes. Un double de ces états et bordereaux, signé du maire, sera adressé au préposé supérieur de cette régie, pour être transmis au directeur du département, et par celui-ci à son administration.

72. Les comptes des octrois seront rendus par les receveurs aux maires, et arrêtés par ces derniers dans les trois mois qui suivront l'expiration de chaque année.

73. Le montant des dix pour cent du produit net des octrois revenant au Trésor royal, conformément à l'article 126 de la loi du 8 décembre 1814, sera établi sur les recettes brutes de toute nature, déduction faite des frais de perception et autres prélèvemens autorisés. Les dix pour cent ne seront pas prélevés sur la partie des produits de l'octroi à verser au Trésor, en remplacement de la contribution mobilière.

74. Le recouvrement des dix pour cent se poursuivra par la saisie des deniers de l'octroi, et même par voie de contrainte à l'égard du receveur municipal.

TITRE IX.

Du Contentieux.

75. Toutes contraventions aux droits d'octroi seront constatées par des procès-verbaux, lesquels pourront être rédigés par un seul préposé et auront foi en justice. Ils énonceront la date du jour où ils sont rédigés, la nature de la contravention, et, en cas de saisie, la déclaration qui en aura été faite au prévenu ; les noms, qualités et résidences de l'employé verbalisant et de la personne chargée des poursuites; l'espèce, poids ou mesure des objets saisis; leur évaluation approximative ; la présence de la partie à la description, ou la sommation qui lui aura été faite d'y assister; le nom, la qualité et l'acceptation du gardien ; le lieu de la rédaction du procès-verbal et l'heure de la clôture.

76. Dans le cas où le motif de la saisie portera sur le faux ou l'altération des expéditions, le procès-verbal énoncera le genre de faux, les altérations ou surcharges ; lesdites expéditions, signées et paraphées du saisissant, *ne varietur*, seront annexées au procès-verbal, qui contiendra la sommation faite à la partie de les parapher, et sa réponse.

77. Si le prévenu est présent à la rédaction du procès-verbal, cet acte énoncera qu'il lui en a été donné lecture et copie : en cas d'absence du prévenu, si celui-ci a domicile ou résidence connue dans le lieu de la saisie, le procès-verbal lui sera signifié dans les vingt quatre heures de la clôture. Dans le cas contraire, le procès-verbal sera affiché, dans le même délai, à la porte de la maison commune.

Ces procès verbaux, significations et affiches, pourront être faits tous les jours indistinctement.

78. L'action résultant des procès-verbaux en matière d'octroi, et les questions qui pourront naître de la défense du pré-

venu, seront de la compétence exclusive, soit du tribunal de simple police, soit du tribunal correctionnel du lieu de la rédaction du procès-verbal, suivant la quotité de l'amende encourue.

79. Les objets saisis par suite des contraventions aux réglemens d'octroi, seront déposés au bureau le plus voisin; et si la partie saisie ne s'est pas présentée dans les dix jours, à l'effet de payer la quotite de l'amende par elle encourue, ou si elle n'a pas formé, dans le même délai, opposition à la vente, la vente desdits objets sera faite par le receveur, cinq jours après l'apposition à la porte de la maison commune et autres lieux accoutumés, d'une affiche signée de lui, et sans aucune autre formalité.

80. Néanmoins, si la vente des objets saisis est retardée, l'opposition pourra être formée jusqu'au jour indiqué pour ladite vente. L'opposition sera motivée, et contiendra assignation à jour fixe devant le tribunal désigné en l'art. 78, suivant la quotité de l'amende encourue, avec élection de domicile dans le lieu où siége le tribunal. Le délai de l'échéance de l'assignation ne pourra excéder trois jours.

81. S'il s'élève une contestation sur l'application du tarif ou sur la quotité du droit réclamé, le porteur ou conducteur sera tenu de consigner, avant tout, le droit exigé, entre les mains du receveur; faute de quoi, il ne pourra passer outre, ni introduire dans le lieu sujet, l'objet qui aura donné lieu à la contestation, sauf à lui à se pourvoir devant le juge de paix du canton. Il ne pourra être entendu qu'en représentant la quittance de ladite consignation au juge de paix, lequel prononcera sommairement et sans frais, soit en dernier ressort, soit à la charge d'appel, suivant la quotité du droit réclamé.

82. Dans le cas où les objets saisis seraient sujets à dépérissement, la vente pourra en être autorisée avant l'échéance des délais ci-dessus fixés, par une simple ordonnance du juge de paix sur requête.

83. Les maires seront autorisés, sauf l'approbation des préfets, à faire remise, par voie de transaction, de la totalité ou de partie des condamnations encourues, même après le juge-

ment rendu. Ce droit appartient exclusivement à la régie des impositions indirectes, et d'après les règles qui lui sont propres, toutes les fois que la saisie a été opérée dans l'intérêt commun des droits d'octroi et des droits imposés au profit du Trésor.

84. Le produit des amendes et confiscations pour contravention aux réglemens de l'octroi, déduction faite des frais et prélèvemens autorisés, sera attribué, moitié aux employés de l'octroi pour être répartie d'après le mode qui sera arrêté, et moitié à la commune.

TITRE X.

Des Demandes en suppression ou en remplacement d'Octroi.

85. Les communes qui voudront supprimer leur octroi, ou le remplacer par une autre perception, en feront parvenir la demande par le maire, au préfet, qui, après en avoir reçu l'autorisation de notre ministre de l'intérieur, autorisera, s'il y a lieu, le conseil municipal à délibérer sur cette demande.

86. La délibération du conseil municipal, accompagnée de l'avis du sous-préfet et du maire, sera adressée par le préfet, avec ses observations et l'état des recettes et des besoins des commmunes, à notre ministre de l'intérieur, qui statuera provisoirement sur lesdites propositions. Il fera connaître immédiatement sa décision à notre ministre des finances, pour que celui-ci, après avoir soumis le tout à notre approbation, prescrive, tant dans l'intérêt des communes que dans celui du Trésor, les mesures convenables d'exécution.

87. Les droits d'octroi continueront à être perçus jusqu'à ce que la suppression de l'octroi ait été autorisée, ou jusqu'à la mise à exécution du mode de remplacement.

TITRE XI.

De la Surveillance attribuée à la Régie des impositions indirectes, et des Obligations des Employés de l'Octroi, relativement aux droits du Trésor.

88. La surveillance générale de la perception et de l'admi-

nistration de tous les octrois du royaume est formellement attribuée à la régie des impositions indirectes : elle l'exercera sous l'autorité du ministre des finances, qui donnera les instructions nécessaires pour assurer l'uniformité et la régularité du service, et régler l'ordre de la comptabilité particulière à ces établissemens.

89. Les traitemens et les frais de bureau des préposés en chef nommés par le directeur général des impositions indirectes seront à la charge des communes: ils seront proposés par les conseils municipaux, et approuvés par notre ministre des finances, qui pourra les réduire ou les augmenter, s'il y a lieu.

90. Les receveurs d'octroi dans les communes sujettes au droit d'entrée seront tenus de faire en même temps la recette de ce droit. Le produit des remises qui seront accordées par la régie des impositions indirectes pour cette perception, sera réparti entre tous les préposés d'octroi d'une même commune, dans la proportion qui sera déterminée par le maire.

91. Les employés des impositions indirectes suivront dans l'intérêt des communes, comme dans celui du Trésor, les exercices, dans l'intérieur du lieu sujet, chez les entrepositaires de boissons, et chez les brasseurs et distillateurs. Il sera tenu compte par l'octroi, à la régie des impositions indirectes, de partie des dépenses occasionées par ces exercices.

92. Les préposés des octrois sont tenus, sous peine de destitution, d'exiger de tout conducteur d'objets soumis aux impôts indirects, comme boissons, tabacs, sels et cartes, la représentation des congés, passavans, acquits-à-caution, lettres de voitures et autres expéditions, de vérifier les chargemens, de rapporter procès-verbal des fraudes ou contraventions qu'ils découvriront; de concourir au service des impositions indirectes, toute les fois qu'ils en seront requis, sans toutefois pouvoir être déplacés de leur poste ordinaire; enfin, de remettre chaque jour à l'employé en chef des impositions indirectes un relevé des objets frappés du droit au profit du Trésor, qui auront été introduits.

Les employés des impositions indirectes concourront également au service des octrois, et rapporteront procès-verbal pour les fraudes et contraventions relatives aux droits d'octroi qu'ils découvriront.

93. Les préposés des octrois se serviront, pour l'exercice de leurs fonctions, des jauges, sondes, rouannes et autres ustensiles dont les employés des impositions indirectes font usage.

La régie leur fera fournir ces ustensiles dont le prix sera payé par les communes.

TITRE XII.

De la Perception des Octrois pour lesquels les communes auront traité avec la Régie des impositions indirectes.

94. Les maires qui jugeront de l'intérêt de leur commune de traiter avec la régie des impositions indirectes, pour la perception et la surveillance particulière de leur octroi, adresseront par l'intermédiaire du sous-préfet, leurs propositions au préfet : celui-ci les communiquera au directeur des impositions indirectes pour donner ses observations, et les soumettra ensuite, avec son avis, à notre directeur général des impositions indirectes, qui proposera, s'il y a lieu, à notre ministre des finances, d'y donner son approbation.

95. Les conventions à faire entre la régie et les communes ne porteront que sur les traitemens fixes ou éventuels des préposés : tous les autres frais généralement quelconques seront intégralement acquittés par les communes sur les produits bruts des octrois.

La conséquence de ces conventions sera de remettre la perception et le service de l'octroi entre les mains des employés ordinaires des impositions indirectes. Cependant, dans les villes où il sera nécessaire de conserver des préposés affectés spécialement au service de l'octroi, ces préposés continueront à être nommés par les préfets, sur la proposition des maires; et après avoir pris l'avis des directeurs des impositions indirectes. Leur nombre et leur traitement seront fixés par cette régie; ils seront révocables, soit sur la demande du maire, soit sur celle du directeur. Lorsque le préfet ne jugera pas convenable de déférer à la demande de ce dernier, il fera connaître ses motifs à notre directeur général desdites impositions, qui prononcera définitivement.

Les maires conserveront le droit de surveillance sur les préposés, et celui de transiger sur les contraventions, dans les cas déterminés par la présente ordonnance.

96. Les traités conclus avec les communes subsisteront de plein droit, jusqu'à ce que la commune ou la régie en ait notifié la cessation : cette notification aura toujours lieu, de part ou d'autre, six mois au moins à l'avance.

97. Les receveurs verseront le montant de leurs recettes, pour le compte de l'octroi, dans la caisse municipale, aux époques déterminées par l'article 67, sous la déduction des frais de perception convenus par le traité, et dont ils compteront comme de leurs autres recettes pour le Trésor.

98. La remise du service des octrois pour la perception desquels il aura été conclu un traité avec la régie des impositions indirectes, lui sera faite de la manière prescrite par l'art. 1er.

TITRE XIII.

Dispositions générales.

99. Les réglemens et tarifs d'octroi, en ce qui concerne les boissons, ne pourront contenir aucune disposition contraire à celles prescrites par les lois et ordonnances pour la perception des impositions indirectes.

100. Les préfets veilleront à ce que les objets portés aux tarifs des octrois de leurs départemens soient, autant que possible, taxés au même droit dans les communes d'une même population.

101. Tous les tarifs et réglemens d'octroi seront successivement révisés et régularisés conformément aux dispositions de la présente ordonnance, et soumis à notre approbation par notre ministre des finances.

102. Il sera présenté à notre approbation par notre ministre

des finances, avant le 1er janvier prochain, un réglement particulier d'organisation pour l'octroi et l'entrepôt de Paris.

103. Les approvisionnemens en vivres, destinés pour le service de la marine, ne seront soumis dans les ports à aucun droit d'octroi. Ces approvisionnemens seront introduits dans les magasins de la marine de la manière prescrite pour les objets admis en entrepôt : le compte en sera suivi par les employés d'octroi, et les droits exigés sur les quantités qui seraient enlevées pour l'intérieur du lieu sujet et à toute autre destination que les bâtimens de l'État.

104. Les matières servant à la confection des poudres ne seront également frappées d'aucun droit d'octroi.

105. Nulle personne, quelles que soient ses fonctions, ses dignités ou son emploi, ne pourra prétendre, sous aucun prétexte, à la franchise des droits d'octroi.

106. Nos ministres de l'intérieur et des finances sont chargés, chacun en ce qui le concerne, de l'exécution de la présente ordonnance, qui sera insérée au Bulletin des lois.

Donné au château des Tuileries, le 9 décembre, l'an de grâce 1814.

Signé LOUIS.

Ordonnance du Roi portant Réglement particulier d'organisation pour l'Octroi de Paris.

Au Château des Tuileries, le 23 Décembre 1814.

Louis, etc.;

Nous étant réservé, par l'article 102 de notre ordonnance du 9 décembre présent mois, portant réglement général sur les octrois, de statuer séparément sur l'organisation et l'administration de l'octroi et de l'entrepôt de notre bonne ville de Paris;

Ouï le rapport de notre ministre secrétaire d'état des finances,

Nous avons ordonné et ordonnons ce qui suit:

Art. 1er. La remise du service de l'octroi de Paris à l'autorité municipale, en exécution de l'art. 121 de la loi du 8 décembre

1814, sera constatée par des commissaires délégués par notre directeur général des impositions indirectes et par le préfet de la Seine, lesquels dresseront procès-verbal de leurs opérations, ainsi qu'il est prescrit par l'art. 1er de notre ordonnance du 9 de ce mois.

2. A dater du 1er janvier prochain, l'octroi de Paris et l'entrepôt général des boissons seront régis et administrés, suivant les réglemens qui sont particuliers à chacun de ces établissemens, par un directeur et trois régisseurs, sous l'autorité immédiate du préfet de la Seine, et sous la surveillance générale de notre directeur général des impositions indirectes.

3. Les trois régisseurs seront nommés par notre ministre de l'intérieur sur la proposition du préfet de la Seine, et le directeur par notre ministre des finances, conformément à l'art. 56 de notre ordonnance du 9 de ce mois, qui demeure modifié en ce qui concerne le nombre et le mode de nomination des régisseurs.

Les autres préposés seront nommés par le préfet de la Seine sur la proposition du directeur de l'octroi. Ils seront révocables sur la demande de notre directeur général des impositions indirectes et par le préfet.

4. Le budget des frais ordinaires de régie et de perception de l'octroi et de l'entrepôt sera délibéré à l'avance chaque année par le conseil municipal. Ce budget sera soumis, par notre directeur général des impositions indirectes, à l'approbation de notre ministre des finances. Les frais extraordinaires d'établissement jugés nécessaires dans le courant de l'année, seront proposés, délibérés et approuvés de la même manière.

5. Les dépenses de l'octroi et de l'entrepôt ne seront acquittées que sur des ordonnances du directeur et des régisseurs, lesquels ne pourront, sous leur responsabilité, ordonnancer des sommes plus fortes que celles fixées par chaque article du budget, en suivant les imputations déterminées, et sans qu'il leur soit permis d'y faire aucun changement, si ce n'est en vertu d'une autorisation de notre ministre des finances.

6. Il sera fourni par le directeur de l'octroi, du 1er au 5 de

chaque mois, tant à notre directeur général des impositions indirectes qu'au préfet de la Seine, un bordereau détaillé des recettes et des dépenses de l'octroi pendant le mois précédent.

7. A l'expiration de chaque exercice, le directeur et les régisseurs de l'octroi présenteront le compte général de la perception et de la dépense de l'octroi et de l'entrepôt au préfet de la Seine, qui le soumettra au conseil municipal avec ses observations, pour être examiné, discuté et arrêté.

Le directeur de l'octroi adressera en même temps un double de ce compte à notre directeur général des impositions indirectes, auquel il fournira en outre, dans le cours de l'année, tous les renseignemens et éclaircissemens qu'il croira devoir demander sur le service de l'octroi.

8. Le prélèvement des dix pour cent revenant au Trésor sur le produit net de l'octroi, sera fait conformément à l'art. 126 de la loi du 8 décembre 1814.

L'abonnement consenti précédemment par le ministre des finances cessera d'avoir son effet à dater du 1er janvier prochain.

9. La perception des droits établis aux entrées de Paris, pour le compte du Trésor public, pourra être faite, si notre directeur général des impositions indirectes le juge convenable, par les receveurs de l'octroi, lesquels en verseront les produits dans la caisse de cette régie aux époques qu'elle aura déterminées.

Les receveurs et autres préposés de l'octroi seront tenus, sous peine de destitution, d'opérer cette perception, et de se conformer à cet égard aux réglemens propres aux impositions indirectes, ainsi qu'aux ordres et instructions de notre directeur général desdites impositions.

10. Sur la proposition de notre directeur général des impositions indirectes, notre ministre des finances réglera, au commencement de chaque année, l'indemnité à accorder aux préposés de l'octroi, sur les recettes qu'ils auront à effectuer pour le compte du Trésor, ainsi que celle due à la Régie pour les exercices que ses employés sont tenus de suivre dans l'intérieur, aux termes de l'art. 91 de notre ordonnance du 9 de ce

mois, chez les brasseurs, distillateurs et autres qui fabriquent des boissons.

11. Le directeur des impositions indirectes dans le département de la Seine, et les inspecteurs ou contrôleurs sous ses ordres, exerceront sur les receveurs et autres préposés de l'octroi une surveillance immédiate. Ils pourront vérifier les caisses, arrêter les registres et provoquer des versemens extraordinaires. Ils référeront au directeur de l'octroi de toutes les fautes qu'ils auront eues à relever.

12. La direction générale des impositions indirectes pourra placer dans l'entrepôt, pour son service, le nombre d'employés qu'elle estimera nécessaire.

13. Les fraudes et contraventions qui ne concernent que l'octroi seront poursuivies par le directeur, au nom du préfet. Le directeur pourra consentir les transactions, sauf l'approbation du préfet, qui seul prononcera sur les demandes en décharge ou en restitution de droits.

A l'égard des fraudes et contraventions communes à l'octroi et aux droits du Trésor, et de celles particulières auxdits droits, le directeur des impositions indirectes dans le département de la Seine pourra seul suivre l'effet des procès-verbaux devant les tribunaux, ou consentir des transactions, d'après les règles propres à cette administration.

Lorsque ces transactions devront être soumises à l'approbation du directeur général, elles seront communiquées au préfet, qui donnera son avis.

14. L'emploi du produit des amendes et confiscations, dans le cas de contraventions communes aux deux services, sera fait pour la portion appartenant à chaque administration, selon les règles qui lui sont propres.

15. Le préfet de la Seine formera et réunira auprès de lui, dans le mois qui suivra l'expiration de chaque trimestre, et plus souvent s'il le juge convenable, une commission consultative composée de deux membres du conseil municipal, du directeur des impositions indirectes et du directeur de l'octroi : les trois régisseurs pourront y être appelés.

Le préfet présidera ladite commission, et, en son absence, le secrétaire général.

16. Les délibérations de la commission instituée par l'article précédent auront uniquement pour objet les mesures à prendre pour améliorer le service de la perception de l'octroi : il lui est défendu de s'immiscer en aucune manière dans l'administration de cet établissement.

17. Les dispositions de notre ordonnance du 9 de ce mois seront observées pour l'octroi de Paris, en tout ce qui n'est point contraire à la présente.

18. Nos ministres de l'intérieur et des finances sont chargés, chacun en ce qui le concerne, de l'exécution de la présente ordonnance, qui sera insérée au Bulletin des lois.

Donné à Paris, au château des Tuileries, le 23 décembre de l'an de grâce 1814.

Signé LOUIS.

Extrait de l'Ordonnance du Roi du 16 Août 1815, sur la Perception du décime additionnel.

Art. 6. A compter du jour de la publication de la présente ordonnance, et jusqu'au 31 décembre 1817, notre bonne ville de Paris est autorisée à percevoir un dixième en sus du montant de chacun des droits d'octroi perçus tant à l'entrée de la ville qu'à la fabrication.

Extrait de l'Ordonnance du Roi du 14 Mai 1817, sur l'Emprunt de la ville de Paris, et qui proroge la perception du décime additionnel.

Art. 7. ...... La ville déléguera plus spécialement les produits des droits suivans......

3° Droits additionnels à l'octroi établis par ordonnance du 16 août 1815, dont la perception continuera à avoir lieu jusqu'au parfait remboursement des obligations.

Ordonnance du Roi concernant les Formalités à observer pour le remplissage des vins, cidres, poirés, vinaigres, eaux-de-vie, esprits et liqueurs arrivant à Paris.

Au Château des Tuileries, le 18 Juin 1817.

Louis, etc.

Vu la proposition de notre préfet du département de la Seine et les observations de notre conseiller d'État directeur général de l'administration des contributions indirectes;

Vu aussi l'avis de notre ministre secrétaire d'État au département de l'intérieur;

Sur le rapport de notre ministre secrétaire d'État des finances,

Notre conseil d'État entendu,

Nous avons ordonné et ordonnons ce qui suit:

Art. 1er. Le remplissage des vins, cidres, poirés, vinaigres, eaux-de-vie, esprits et liqueurs arrivant à Paris par la haute Seine, se fera dans le bassin de la Râpée.

2. Le remplissage des eaux-de-vie, esprits et liqueurs à destination de l'entrepôt général de Paris, ainsi que celui de toutes les boissons arrivant par la basse Seine, pourra continuer d'avoir lieu dans cet établissement, ou sur le port Saint-Nicolas; mais il ne sera accordé qu'un délai de trois jours pour remplir sur le port.

3. La perception des droits d'octroi à Paris se fera sans aucune déduction de vidange sur tous les fûts dont le remplissage aura dû avoir lieu dans le bassin de la Râpée. Lorsque tout ou partie de ces fûts seront destinés pour l'entrepôt, ils n'y seront admis qu'après avoir été reconnus comme entièrement pleins. La même disposition s'applique aux fûts dont le remplissage aurait été effectué sur le port Saint-Nicolas.

4. Nos ministres secrétaires d'État de l'intérieur et des finances sont chargés, chacun en ce qui le concerne, de l'exécution de la présente ordonnance, qui sera insérée au Bulletin des lois.

Donné à Paris, en notre château des Tuileries, le 18 juin de l'an de grâce 1817, et de notre règne le vingt-troisième.

Signé LOUIS.

Ordonnance du Roi portant approbation du Tarif de l'Octroi de Paris.

Louis, etc.

Vu nos ordonnances des 29 décembre 1815, 8 janvier et 26 décembre 1817, relatives au tarif de l'octroi de Paris;

Vu notre ordonnance du 14 mai 1817, portant approbation de l'emprunt fait par la ville de Paris;

Vu la loi du 20 mai 1818, qui maintient le droit additionnel d'un franc vingt-cinq centimes par hectolitre de vin aux entrées de Paris, pour l'achèvement du canal de l'Ourcq;

Vu la délibération du conseil général du département de la Seine, faisant fonctions du conseil municipal de la ville de Paris, en date du 13 décembre 1818, et le projet de tarif y annexé, ainsi que l'avis du préfet du département de la Seine;

Vu les observations de notre ministre secrétaire d'État de l'intérieur, et celles de notre conseiller d'État directeur général des contributions indirectes;

Considérant qu'il est indispensable de conserver à la ville de Paris des revenus suffisans pour faire face au remboursement des emprunts, au prélèvement autorisé pour l'achèvement du canal de l'Ourcq, et enfin au remboursement de la taxe municipale perçue en 1814;

Sur le rapport de notre ministre secrétaire d'État des finances,

Nous avons ordonné et ordonnons ce qui suit:

Art. 1er. A compter du 1er janvier prochain, et jusqu'à ce qu'il en soit autrement ordonné, les droits d'octroi établis au profit de notre bonne ville de Paris, seront perçus suivant le tarif annexé à la présente.

2. Le décime additionnel établi par notre ordonnance du 16 août 1815, continuera d'être perçu jusqu'au parfait rem-

boursement de l'emprunt de la ville, conformément à l'art. 7 de notre ordonnance du 14 mai 1817.

3. Les objets et denrées existant en rivière ou sur les ports, berges ou quais, sans être reconnus par le jaugeage, le mesurage ou le comptage, supporteront les augmentations, ou jouiront des diminutions de taxe à ladite époque du 1er janvier 1819.

4. Nos ministres secrétaires d'État aux départemens de l'intérieur et des finances sont chargés de l'exécution de notre présente ordonnance, qui sera insérée au Bulletin des lois.

Donné à Paris, au château des Tuileries, le 23 décembre de l'an de grâce 1818, et de notre règne le vingt-quatrième.

Signé LOUIS.

Arrêté de M. le Préfet du département de la Seine, relatif aux déclarations à faire des objets arrivant par eau, avant leur introduction dans Paris.

Vu, 1° l'art. 28 de l'ordonnance du Roi, en date du 9 décembre 1814, portant réglement sur les octrois;

2° L'art. 17 de l'ordonnance du 23 dudit mois de décembre, portant réglement particulier d'organisation pour l'octroi de Paris;

3° Le rapport de M. le directeur dudit octroi, en date du 18 du même mois de décembre;

Nous Conseiller d'État, Préfet de la Seine,

Arrêtons ce qui suit,

Art. 1er. A dater du jour de la publication du présent arrêté, tous les objets assujettis à l'octroi, arrivant par eau, ne pourront être introduits dans la ville de Paris qu'après avoir été préalablement déclarés aux bureaux de l'octroi.

2. La déclaration prescrite par le précédent article sera toujours faite par les propriétaires des objets assujettis, ou par leurs fondés de pouvoirs. Elle devra indiquer la nature et la quantité desdits objets, et porter soumission d'en acquitter les droits,

conformément au comptage, jaugeage ou mesurage qui sera fait sur le port de déchargement.

Lorsque les déclarans ne seront pas domiciliés à Paris, ils seront tenus de fournir une caution, ou de consigner les droits.

3. Une expédition de la déclaration faite par les propriétaires ou leurs fondés de pouvoirs sera délivrée aux voituriers ou conducteurs, qui seront tenus de la faire viser par les employés de l'octroi de service aux pataches et sur les ports.

4 L'introduction des objets déclarés devra s'effectuer dans le jour où l'expédition de la déclaration aura été délivrée, à moins d'empêchemens duement constatés. Dans ce cas, l'expédition de la déclaration devra être rapportée au bureau de l'octroi, et y rester déposée jusqu'au jour de l'introduction.

5. Les droits d'octroi seront toujours acquittés au port de première destination, même lorsque le changement de cette première destination aurait été autorisé.

6. Toutes contraventions aux dispositions du présent arrêté seront constatées par procès-verbal, et punies des peines portées par les lois et ordonnances.

7. Il sera fait un réglement particulier pour les objets et marchandises expédiés par les coches de la Haute-Seine.

8. M. le directeur de l'octroi de Paris est chargé de l'exécution du présent arrêté.

Paris, le 6 janvier 1816.

Signé CHABROL.

Arrêté de M. le Préfet du département de la Seine, sur les Escortes.

Vu nos arrêtés des 17 septembre 1816 et 14 juillet 1818, portant qu'en raison de la multiplicité des objets de perception qui traversent Paris en passe-debout, il pourra être accordé des escortes extraordinaires hors les heures fixées pour le convoi de chaque jour, à la charge par les requérans de payer l'indemnité d'un franc par chaque voiture, soit de terre, soit d'eau ;

Vu le rapport de M. le directeur des droits d'entrée et d'octroi de Paris, en date du 22 janvier dernier, contenant qu'aux termes d'une circulaire de M. le directeur général des contributions indirectes, en date du 11 de ce mois, les employés qui escortent les chargemens ne doivent jamais exiger de rétribution de la part du commerce; que cependant s'il devenait nécessaire de faire une exception à cette règle, les conseils municipaux devraient en faire la matière d'une délibération spéciale, qui serait ensuite soumise à Son Excellence le ministre des finances;

Vu la délibération du conseil municipal de la ville de Paris, en date du 28 février dernier, portant qu'il y a lieu d'autoriser pour le travail des escortes extraordinaires dans Paris, la taxe d'un franc pour chaque voiture par terre, et celle de deux francs pour chaque voiture par eau;

Nous Conseiller d'État, Préfet de la Seine,

Arrêtons ce qui suit :

Des escortes spéciales et extraordinaires continueront d'être accordées pour les chargemens qui doivent traverser Paris en passe-debout.

L'indemnité de frais d'escorte extraordinaire est fixée à un franc par chaque voiture par terre, et à deux francs par chaque voiture par eau.

Paris, le 10 mars 1819.

Signé CHABROL.

Copie de la Lettre de M. le Directeur général des Contributions indirectes à M. le Préfet du département de la Seine, qui transmet la décision du Ministre des finances sur les escortes.

Paris, le 19 Avril 1819.

MONSIEUR LE PRÉFET,

J'ai l'honneur de vous informer que, par décision du 9 de ce mois, Son Excellence le ministre des finances a approuvé votre arrêté du 10 mars dernier, relatif aux escortes extraordinaires des objets soumis à l'octroi qui traversent Paris en passe-debout. Son Excellence a fixé, en conséquence, la rétribution exigible pour ces escortes, à un franc par voiture par terre, et à deux francs par bateau.

Je vous prie de vouloir bien donner les ordres nécessaires pour que cette décision soit exécutée.

J'ai l'honneur, etc.

Le Directeur général,
Signé BARANTE.

Extrait de l'Instruction du Préfet de police, concernant la Surveillance de la rivière.

Du 26 Mai 1821.

Art. 13. Les marchandises qui seront débarquées sur les ports devront être enlevées dans les trois jours qui suivront leur déchargement, sinon elles seront enlevées et emmagasinées aux frais des propriétaires ou expéditeurs, et elles seront consignés jusqu'à l'acquittement des frais.

Art. 16. Le mesurage et la vente des bois à brûler sont défendus sur les ports, quais et berges, conformément à l'art. 22 de l'ordonnance de police du 27 ventose an X (18 mars 1802).

Art. 20. Il est permis aux préposés de l'ambulance de l'administration de l'octroi de circuler sur les ports et berges pendant la nuit, en représentant leur carte, dont le modèle devra être déposé dans chacun des postes destinés à la garde des ports.

TARIF

DES

DROITS D'OCTROI DE LA VILLE DE PARIS.

DÉSIGNATION DES OBJETS ASSUJETTIS AUX DROITS.	MESURE, NOMBRE ET POIDS.	DR… D'OC… à perc…
BOISSONS		
Vins en cercles	Hectolitre	13
Vins en bouteilles	Litre	0
Vinaigres de toute espèce, verjus, sureau en fruits ou en jus, vins gâtés et lies liquides ou épaisses, tant en cercles qu'en bouteilles	Hectolitre	13
Eaux-de-vie en cercles au-dessous de 22 degrés	*Idem.*	25
Eaux-de-vie en cercles, de 22 degrés jusqu'à 28 exclusivement	*Idem.*	35
Eaux-de-vie rectifiées à 28 degrés et au-dessus, eaux-de-vie de toute espèce en bouteilles, eaux de senteur et liqueurs composées d'eau-de-vie ou d'esprit, tant en cercles qu'en bouteilles	*Idem.*	50
Cidre, poiré et hydromel	*Idem.*	6
Bière à l'entrée	*Idem.*	4
Bière à la fabrication	*Idem.*	3
CO		
Bœufs	Par tête	24
Vaches	*Idem.*	15
Veaux	*Idem.*	6
Moutons	*Idem.*	11
Porcs et sangliers	*Idem.*	9
Viande à la main, saucissons, jambons, et toute charcuterie	Kilogramme	0
Abats et issues	*Idem.*	0

OBSERVATIONS.

IIDES.

it est dû à la fabrication dans l'intérieur, comme à l'entrée, sur les vins, vie, vinaigres, cidres, poirés, verjus, hydromel et autres boissons ou liorsque les substances employées ne sont assujetties à aucune taxe.
dange paiera le même droit que le vin, dans la proportion de trois hectolitres nge pour deux de vin.
in non foulé, à l'exception des chasselas et muscats, paiera, aux barrières, du droit imposé sur la vendange.
its à cidre et à poiré paieront le droit à l'entrée, dans la proportion de cinq s de fruits frais pour deux de cidre ou poiré, et de vingt-cinq kilogrammes séchés pour un demi-hectolitre de cidre ou poiré.
iteille commune est assimilée au litre pour la perception.
is introduits à la main, en cruches, cruchons ou brocs, d'une contenance e à cinq litres, paieront le droit dans la proportion de celui fixé pour les vins s.
issons, liquides ou préparations mélangées d'eau-de-vie ou d'esprit faisant l'aréomètre, ou donnant à l'analyse chimique un cinquième d'eau-de-vie, le droit comme eau-de-vie simple.
ix-de-vie ou esprits altérés par quelque mélange que ce soit, sont assujettis droit que les eaux-de-vie ou esprits purs.
x de Cologne, de mélisse, de la reine de Hongrie, et autres dont la base est sont considérées comme esprits et paient le droit comme tels.
teilles ou fioles d'eau de Cologne sont assimilées au litre pour la perception.
its à l'eau-de-vie paient comme liqueurs, d'après la contenance du vase, duction du fruit. La même règle est suivie pour les fruits confits au vinaigre.
lie qui n'est pas dans un état de sécheresse complète est passible du droit.
aigriers et tous propriétaires seront tenus de déclarer leurs cuves, pressoirs hydrauliques, et de payer les droits sur les vins, cidres et poirés fabriqués érieur, et de se conformer aux formalités qui seront prescrites par l'admimunicipale.

S.

stiaux abattus acquittent au poids comme viande dépecée. La taxe par tête uniquement sur les animaux vivans, à l'exception des sangliers.
it est dû sur les veaux et porcs nés dans l'intérieur, comme sur ceux intro-

rcs abattus et divisés par quartiers ne paieront le droit d'octroi que dans tion du droit par tête. (*Ordonnance du Roi du 30 juin 1819.*)

DÉSIGNATION DES OBJETS ASSUJETTIS AUX DROITS.	MESURE, NOMBRE ET POIDS.	DRO[illegible] D'OCT[illegible] à perc[illegible]
		COM[illegible]
Bois à brûler, neuf ou flotté	Stère	2[illegible]
Bois blanc, *idem*, et menuise de bois dur ou de bois blanc	*Idem*	1[illegible]
Fagots de toute espèce	Le cent	3[illegible]
Charbon de bois	Sac ou voie de 2 hectolit.	** 0[illegible]
Charbon de terre	Hectolitre	0[illegible]

OBSERVATIONS.

LES.

ıt bois scié ou coupé à la serpe sur une longueur d'un mètre treize centimètres, ınt seize centimètres de circonférence, est considéré comme bois de corde, et ıte le droit selon sa nature de bois dur ou de bois blanc.
menuise est le bois de même longueur, ayant moins de seize centimètres de cirence.
distinction entre le bois dur et le bois blanc cessera d'être observée toutes les ıe, dans les trains, bateaux ou voitures, il y aura un mélange de bois blanc, nuise et de bois dur; en conséquence, le droit d'octroi sera perçu sur le bois ou de menuise comme il se perçoit sur le bois dur.
courbes, plats-bords, planches brisées, souches, brigots, bois à charbon, à l'entrée comme bois dur ou bois blanc, suivant leur espèce et leur dimension.
fagots de toute espèce paient le droit entier.
ıt parement au-dessus de seize centimètres de circonférence doit être distrait du et rangé, pour la taxe, dans la classe du bois de corde; le surplus sera réduit s les dimensions fixées pour le fagot.
ent de falourdes, quelle qu'en soit l'espèce, compte pour cent cinquante fagots.
perches de menuise, provenant du déchirage des trains de bois à brûler, compà raison de quatre-vingt-dix* falourdes pour chaque train de dix-huit coupons; ıbre sera augmenté ou diminué de cinq* falourdes par chaque coupon en plus ou ins.
mêmes perches, provenant du déchirage des trains de bois de charpente ou de, celles arrivant en coupons ou par voitures, seront évaluées en falourdes d'après ombre.
entend par perche de menuise tout morceau de bois de seize centimètres et auıs de circonférence, pris au milieu de la longueur. Les perches d'une plus forte sion paient comme bois de corde ou comme bois de construction, suivant leur ur; elles sont rangées dans la classe du bois de corde, lorsqu'elles n'ont pas plus ıte-huit centimètres de circonférence moyenne.
cotrets ordinaires, de toute espèce, paient la moitié du droit imposé sur les

cotrillons, bourrées et margotins, paient le quart.
dimensions des fagots, falourdes, cotrets et cotrillons, réglées par l'ordonnance lice du 21 ventôse an 11, seront suivies pour l'application de la taxe. Des dions plus fortes entraînent un droit porportionnel.
cubage servira de base pour établir la perception sur les chargemens de chare bois, de bois à brûler, et généralement de tous les bateaux, trains et voitures ptibles d'être cubés.
quantité de charbon de terre contenue dans chaque bateau sera reconnue d'après ds de charbon et le volume d'eau déplacé par le bateau.
ıx hectolitres d'escarbille (*charbon de terre à demi-consumé*) ne compteront our un.

rdonnance du Roi du 1er septembre 1819.
Ordonnance du Roi du 16 *août* 1820.

DÉSIGNATION DES OBJETS ASSUJETTIS AUX DROITS.	MESURE, NOMBRE ET POIDS.	DROI[illegible] D'OCTR[illegible] à percev[illegible]
		FO[illegible]
Foin, sainfoin, luzerne et autres fourrages secs	100 bottes de 5 kilogram.	4f
Paille	*Idem*........	1
Avoine	Hectolitre...	0
		MA[illegible]
Chaux	Hectolitre...	1
Plâtre	*Idem*........	0
Moellons bruts ou piqués	Mètre cube..	0
Pierre de taille de toute espèce, marbre et granit....	*Idem*........	1
Ardoises ...... grandes	Le millier...	5
Ardoises ...... petites	*Idem*........	4
Briques	*Idem*........	6
Tuiles	*Idem*........	7
Carreaux de terre cuite	*Idem*........	5
Argile et sable gras	Stère........	0
Mottes de terre glaise	Le cent.....	1
		BOIS
Bois de chêne, châtaignier, orme, frêne, charme, noyer, merisier, hêtre, acacia, sycomore, prunier, pommier et autres fruitiers, d'essence dure, en grume ou écarris, en lissoirs, jantes ou tables	Stère	9

OBSERVATIONS.

ES.

lroit étant fixé à raison de cent bottes de cinq kilogrammes, il sera perçu, sur lant de ce poids et du nombre de cent, un droit proportionnel.
foins et fourrages verts seront exempts du droit.
lministration de l'octroi déterminera, chaque année, le nombre de gerbes ou d'orge et d'avoine nécessaire pour former un hectolitre. Le droit sera perçu sé- ent sur la paille des grains introduits en gerbe, suivant ce qui sera également r l'administration de l'octroi.

JX.

:haux éteinte ne paie que la moitié du droit imposé sur la chaux. Le mortie quel il entre de la chaux, quelle qu'en soit la proportion, paie le demi-droit : chaux éteinte pure.
.roit est dû pour la chaux et le plâtre, à la fabrication dans l'intérieur, comme :ée. Les pierres à chaux et à plâtre paieront un droit proportionnel.
roit est dû sur les pierres de taille et moellons extraits des carrières situées dans eur de Paris.
: la perception du droit sur le marbre et le granit, un stère compte pour dix de pierre.
aitière compte pour quatre tuiles.
droits ne sont dus que sur l'argile, le sable gras et la terre glaise, qui pro- nt de Picpus, Villejuif, Gentilly, Ménilmontant, Belleville, Vanvres, Clamart :es lieux des départemens de la Seine et de Seine-et-Oise.
que motte de terre glaise ne doit pas excéder le poids de vingt-deux à vingt- ilogrammes; au-dessus de ce poids, le droit proportionnel est dû.

STRUCTION.

r la perception du droit sur le bois de charpente, la grosseur de ce bois se prend e milieu, et, en cas d'impossibilité, dans les deux bouts.
arrissage se compte par centimètre, et la longueur par mètre et mètre et demi; ii-mètre est acquis à trois dixièmes, le mètre entier à huit dixièmes.
nesure doit être pleine et couverte pour compter.
léduction pour l'écarrissage des grumes est du dixième du pourtour, ou, en mul- t le diamètre par le rayon, on doit déduire l'écorce en prenant la mesure.
: bois n'est écarri qu'en partie, et qu'il ait conservé une partie de son rond, conséquent son aubier, il sera tenu compte des flaches.
ra déduit pour malandres visibles et palpables, nœuds pourris ou vermoulus, ni-mètre, ou un mètre au plus, suivant l'étendue du mal.

DÉSIGNATION DES OBJETS ASSUJETTIS AUX DROITS.	MESURE, NOMBRE ET POIDS.	DROI[T] D'OCTRO[I] à percevo[ir]
Les mêmes bois en planches, membrures, entrevous, dosses, chevrons de sciage, doublettes, madriers, battans, feuillets, merrains, panneaux, coursons et parquets..........	Mètre courant	0f 0[illegible]
Bois de sapin, platane, peuplier, bouleau, aulne, tilleul, saule et marronier, en grume ou écarris, lissoirs ou tables..........	Stère........	7 0
Les mêmes bois en planches, membrures, entrevous, chevrons de sciage, doublettes, madriers, feuillets ou voliges..........	Mètre courant	0 0
Lattes..........	100 bottes...	10 0

BATEAUX ET BO[IS]

Bateaux.........	en chêne..........	Par bateau. .	24 0
	en sapin..........	*Idem*........	12 0
Bois de déchirage.	en chêne..........	Mètre carré. .	0 [illegible]
	en sapin..........	*Idem*........	0 [illegible]

OBSERVATIONS.

ur la perception du droit sur les bois de sciage, taxés au mètre courant, ils sont urs ramenés à l'unité de la planche. La planche, proprement dite, est un mor- de sciage de trois centimètres d'épaisseur sur vingt-cinq centimètres de largeur, i produit soixante-quinze centimètres d'écarrissage.
pendant tous les morceaux de sciage ayant trois centimètres d'épaisseur et de vingt gt-huit centimètres de largeur, ce qui produit de soixante à quatre-vingt-quatre mètres d'écarrissage, comptent comme planches pour la perception du droit.
-dessus ou au-dessous de ces dimensions, le droit est proportionnel et par tiers, n plus, soit en moins; de sorte qu'à vingt-cinq centimètres en plus du *minimum* uatre-vingt-cinq centimètres d'écarrissage, le tiers est acquis; et, à vingt-cinq mètres en moins du *maximum* ou cinquante-neuf centimètres d'écarrissage, il y roissement du droit, et ainsi de vingt-cinq en vingt-cinq centimètres.
volige est une planche de deux centimètres et au-dessous d'épaisseur.
dosse est une planche de première levée, qui a le trait de scie d'un côté, et le de hache ou le rond du bois de l'autre.
s doublettes, madriers et battans paient le droit dans la proportion de la planche.
s dosses et chevrons paient les deux tiers du droit sur la planche, ainsi que les es de dix-huit centimètres et au-dessus.
s voliges de dix à dix-huit centimètres paient le tiers du droit; et, au-dessous de le quart.
ur l'application du droit sur le merrain et fonds de seilles, deux mètres ne ptent que pour un.
parquet en feuilles compte pour quatre mètres.
est fait déduction, sur les bois de démolition, des tenons et parties pourries. que des mortaises qui traversent le bois aux trois quarts. Il est également tenu pte, sur les grosseurs, des parties couvertes de clous, ou hachées, ou remplies anfreins: sauf ces déductions, s'il y a lieu, les bois de démolition ou de sciage nt de l'extérieur sont passibles des droits, à moins qu'ils ne soient reconnus bons brûler; dans ce cas, ils paieront comme bois de chauffage, suivant leur nature.
s bois de frêne et merisier, débités à un mètre trente centimètres de longueur, considérés comme bois de travail et mesurés comme tels.
droit est dû pour les soustraits des bateaux de charbon et autres; il sera néan- s restitué sur les quantités dont la sortie de Paris par la rivière aura été dûment tatée par les employés de l'octroi.
ous les bois neufs ouvrés, tels que portes, volets, étaux, brouettes et autres, duisent au stère ou en planches, suivant l'espèce, et paient les droits portés au

DÉCHIRAGE.

out bateau faisant exception par sa dimension à la toue ordinaire, paiera le droit mètre carré.

DÉSIGNATION DES OBJETS ASSUJETTIS AUX DROITS.	MESURE, NOMBRE ET POIDS.	DROI D'OCTR à percev
		OBJE
Fromages secs..	Kilogramme.	0f
Sel gris et blanc......................................	Idem........	0
Cire blanche, bougie de toute espèce et cierges......	Idem........	0
Cire jaune..	Idem........	0
Orge	Hectolitre...	1
Houblon..	Kilogramme.	0
Suif en pains et chandelle...........................	100 kilogram.	3

OBSERVATIONS.

ERS.

ır les objets tarifés au poids, il est seulement fait déduction de la tare des ton-
., caisses, paniers, ou vases qui renferment lesdits objets.
rge mondée est exempte du droit.
lroit établi sur l'orge en grain sera perçu sur l'orge concassée, dans la proportion
xante-un kilogrammes et demi d'orge concassée pour un hectolitre d'orge en
(*Ordonnance du Roi du* 30 *juin* 1819.)
formalités relatives à l'admission des sels en entrepôt, quant à l'octroi, seront
s par des décisions de l'administration municipale.
rdonnance du Roi du 13 *mars* 182.).

Extrait des Lois des 28 Avril 1816 et 25 Mars 1817.

TARIF

Des Droits à percevoir aux entrées de la ville de Paris, pour le compte du Trésor royal, en remplacement des Droits de détail, d'entrée et de circulation intérieure.

DÉSIGNATION DES OBJETS ASSUJETTIS aux droits.	MESURE	DROIT à PERCEVOIR.		OBSERVATIONS.
Vin en cercles.........	Hectolitre	10f	50c	Le droit est le même sur les boissons introduites et sur celles fabriquées dans l'intérieur. (*Extrait de l'art.* 20 *de la loi du* 28 *avril* 1816.)
Vin en bouteilles......	*Idem*	15	00	
Cidre et poiré.........	*Idem*	5	00	Les vendanges et les fruits à cidre ou à poiré seront soumis au même droit, à raison de trois hectolitres de vendanges pour deux hectolitres de vin, et de cinq hectolitres de pommes ou poires pour deux hectolitres de cidre ou de poiré.
Eau-de-vie simple au-dessous de 22 degrés.	*Idem*	18	00	
Eau-de-vie de 22 degrés jusqu'à 28 exclusivement	*Idem*... .	36	00	Les fruits secs, destinés à la fabrication du cidre et du poiré, seront imposés à raison de vingt-cinq kilogrammes de fruits pour un hectolitre de cidre ou de poiré. Les eaux-de-vie ou esprits altérés par un mélange quelconque seront soumis au même droit que les eaux-de-vie ou esprits purs. (*Art.* 23 *de la même loi.*)
Esprit à 28 degrés et au-dessus, eau-de-vie de toute espèce en bouteilles et liqueurs composées d'eau-de-vie ou d'esprit, tant en cercles qu'en bouteilles.	*Idem*	60	00	Un décime par franc sera perçu en sus des droits portés au présent tarif. (*Extrait de l'art.* 232 *de la même loi.*)
Huile d'olive.........	*Idem*	40	00	Les expéditions et quittances délivrées par les employés seront marquées d'un timbre spécial, dont le prix est fixé à dix centimes. (*Art.* 243 *de la même loi.*)
Huile de toute autre espèce	*Idem*.....	20	00	

CHAPITRE II.

ENTREPÔTS RÉELS.

Décret constitutif de l'Entrepôt général des Boissons.

Du 30 Mars 1808.

Sur le rapport de notre ministre de l'intérieur,

Notre conseil d'état entendu,

Nous avons décrété et décrétons ce qui suit:

Art. 1er. Il sera formé dans notre bonne ville de Paris un marché et un entrepôt franc pour les vins et eaux-de-vie, dans les terrains situés sur le quai St.-Bernard, entre les rues de Seine et des fossés St.-Bernard.

2. Les vins et les eaux-de-vie conduits à l'entrepôt, conserveront la facilité d'être réexportés hors de la ville sans acquitter l'octroi.

3. Cette exportation ne pourra avoir lieu que par la rivière ou par les deux barrières de Bercy et de la Gare; dans ce dernier cas, les transports devront suivre le quai et sortir en deux heures.

4. Les vins destinés à l'approvisionnement de Paris n'acquitteront les droits d'octroi qu'au moment de la sortie de l'entrepôt.

5. L'entrepôt sera disposé pour placer, tant à couvert qu'à découvert 150 mille pièces de vin.

6. Notre ministre de l'intérieur nous soumettra, d'ici au 1er juin, l'aperçu des dépenses que pourront exiger l'achat des terrains et les devis des constructions à faire.

7. Le tarif des droits à percevoir pour la location des abris et pour le séjour des vins sur l'emplacement découvert de l'entrepôt sera réglé d'après l'évaluation des dépenses, indi-

6

quées à l'article précédent et de manière à procurer un revenu de 6 p. 0/0 sur le capital employé à ces dépenses.

8. Une compagnie d'actionnaires pourra être admise à traiter et à se charger des dépenses susdites sous la jouissance du produit des droits qui auront été réglés par nous.

9. A compter de l'époque de l'ouverture de l'entrepôt, les vins arrivant à Paris ne pourront stationner à Bercy, à la Râpée et sur le quai St.-Bernard.

10. Les entrepôts et les abris qu'ils contiendront seront sous la clé de la régie de l'octroi municipal.

Un réglement déterminera les heures auxquelles les marchands et les acheteurs seront admis au marché de l'entrepôt.

11. Un réglement particulier déterminera également les formes et les règles à établir pour l'entrée des vins et eaux-de-vie à l'entrepôt, leur sortie, leur surveillance et leur conservation.

12. Ces réglemens, rédigés par notre conseiller d'état, préfet du département de la Seine, seront soumis avec l'avis de notre conseiller d'état, directeur général des droits réunis, à l'approbation de notre ministre des finances.

13. Nos ministres de l'intérieur et des finances sont chargés de l'exécution du présent décret, chacun en ce qui le concerne.

Réglement du 2 Janvier 1814, sur l'Entrepôt général des Boissons à Paris.

TITRE PREMIER.

De l'Admission des vins et eaux-de-vie dans l'Entrepôt.

Art. 1er. Les vins, eaux-de-vie, liqueurs de toutes espèces, tant en cercles qu'en bouteilles, seront reçus au marché et entrepôt franc, créé par décrets des 30 mars 1808 et 11 avril 1813.

Néanmoins ils ne pourront y être admis en quantités moindres d'un hectolitre, pour les eaux-de-vie, esprits ou liqueurs, et de cinq hectolitres, pour les vins, à moins que le propriétaire n'ait déjà des vins en entrepôt.

2. La durée de l'entrepôt et illimitée.

3. Les boissons destinées pour l'entrepôt et arrivant par eau, seront déclarées au bureau de la patache d'arrivée, où elles subiront une première vérification. Les propriétaires ou conducteurs seront tenus de représenter en même tems les congés, acquits-à-caution ou passavans, aux termes de la loi, sans préjudice de la déclaration à faire au bureau des arrivages de la préfecture de police.

4. Le résultat de la vérification sera consigné sur une feuille extraite du registre des déclarations, et qui sera remise au propriétaire ou conducteur, avec les expéditions qu'il aura représentées.

Les boissons seront accompagnées par des employés jusqu'à leur arrivée à l'entrepôt, où la feuille de déclaration sera déchargée.

5. Les boissons arrivant par terre et destinées pour l'entrepôt subiront également, à la barrière d'entrée, une première vérification. Elles devront être rendues à leur destination dans le délai fixé par la feuille de déclaration qui sera délivrée au propriétaire ou conducteur, comme pour les boissons arrivant par eau.

Le propriétaire sera tenu, en outre, de consigner tous les droits dus à l'entrée ou d'en donner caution valable. La consignation sera rendue ou la caution libérée, sur la représentation du certificat d'arrivée des boissons à l'entrepôt, dans le délai fixé sur la feuille de déclaration.

6. Si, dans les trois jours après l'expiration de ce délai, le propriétaire ou conducteur ne représente pas le certificat d'arrivée des boissons à l'entrepôt, ainsi qu'il est prescrit ci-dessus, la somme consignée ou cautionnée sera irrévocablement acquise à l'administration.

7. Les boissons arrivant, soit par terre, soit par eau, ne pourront stationner en aucun endroit, depuis la barrière pen-

dant leur trajet jusqu'à l'entrepôt. Il ne pourra non plus être fait dant les pièces ou vases qui les contiendront aucun remplissage ni changement quelconque, sauf les cas d'accidens ou force majeure légalement constatés ou prouvés.

8. A leur arrivée à l'entrepôt et avant d'y être admises, les boissons seront vérifiées définitivement d'après les expéditions qui devront les accompagner. Si ces expéditions sont reconnues régulières, les boissons seront reçues à l'entrepôt où elles seront inscrites sur un registre à souche à ce destiné. Une expédition détachée de la souche de ce registre sera remise à l'entrepositaire dont elle énonce les nom, prénoms, qualités, profession et demeure, ainsi que la quantité et l'espèce des boissons. La souche du registre sera signée par l'entrepositaire ou son fondé de pouvoir.

9. Immédiatement après la vérification définitive et l'inscription des eaux-de-vie, esprits ou liqueurs, sur le registre d'entrée, les pièces, caisses ou paniers, seront numérotés.

L'entrepositaire pourra aussi, s'il le juge convenable, apposer sur chacune de ces pièces, caisses ou paniers, sa marque particulière, mais sans pouvoir faire usage de feu.

10. Quant aux pièces, caisses ou paniers de vin, l'administration assignera à chaque entrepositaire un numéro spécial et commun à toute la partie entrée, qu'il sera tenu de faire mettre sur toutes ses pièces, caisses ou paniers, à mesure de leur introduction dans l'entrepôt.

11. Les entrepositaires seront admis à transférer la propriété de tout ou partie des boissons qu'ils possèdent dans l'établissement, pourvu que la quantité, ainsi transférée, ne soit pas moindre d'un hectolitre, pour les eaux-de-vie, esprits et liqueurs, et de cinq hectolitres pour les vins.

12. Ces transferts seront constatés sur un registre à souche dont l'expédition sera remise à l'acheteur devenu entrepositaire; celui-ci, ainsi que le vendeur, devront signer la souche de ce registre.

13. Les boissons ainsi transférées seront inscrites sous le nom du cessionnaire, et les droits seront acquittés par le nou-

veau propriétaire, conformément à nos décrets des 11 avril et 5 décembre 1813.

TITRE II.

De la Surveillance et de la Conservation des vins et eaux-de-vie dans l'Entrepôt.

14. Le soin de la conservation des boissons entreposées est à la charge des entrepositaires. Ils pourront faire les opérations du remplage et celles usitées dans le commerce, pour en faciliter, tant la conservation que la vente, en se conformant toutefois aux réglemens de police relatifs à la salubrité des boissons et aux lois et aux réglemens qui concernent l'administration des droits réunis.

15. Les employés attachés à l'entrepôt sont expressément tenus de veiller à ce que les boissons n'y soient point altérées par des mixtions interdites par les réglemens de police.

Dans le cas où ils reconnaîtraient de semblables altérations, ils saisiront les boissons et en dresseront leur procès-verbal, qui sera transmis au préfet de police, pour, sur l'avis de deux gourmets-piqueurs de vins nommés, l'un par le propriétaire, l'autre par l'administration, et ensuite par tous autres vérificateurs ou chimistes, s'il est jugé nécessaire d'en employer, être prononcé envers les propriétaires par les tribunaux, en cas de contestations, ce qu'il appartiendra, sans préjudice de la surveillance qu'exerceront, selon les lois et les réglemens, les employés de la préfecture de police.

L'administration sera responsable des altérations ou avaries qui seront prouvées provenir de la faute de ses préposés.

16. Toutes les mesures et précautions convenables seront prises par l'administration chargée de l'octroi de Paris, pour le maintient du bon ordre dans l'entrepôt, ainsi que pour la sûreté de cet établissement, sans qu'elle puisse néanmoins être responsable des pertes, coulages et avaries provenant, soit de la durée du séjour ou de la nature des machandises, soit du défaut des futailles, vases ou caisses, ou du fait des entrepo-

sitaires, soit enfin des accidens de force majeure dûment constatés.

17. La même administration prescrira dans l'entrepôt toutes les mesures relatives au service général, à la manutention des marchandises, et à l'entretien et bonne tenue du local.

18. Le préfet de police exercera sa surveillance conformément aux lois et réglemens; à l'effet de quoi, il déléguera le nombre d'agens nécessaires chargés d'intervenir, soit d'office sur la réquisition de l'administration ou des particuliers pour le maintien de la police, et la répression des délits.

19. Le 1er octobre de chaque année, il sera fait un inventaire de toutes les boissons existant dans l'entrepôt. S'il s'en trouve d'avariées et hors de vente, il en sera dressé procès-verbal. En cas de contestation entre l'administration et les propriétaires, sur l'usage à faire desdites boissons, il y sera statué comme il est dit article 15.

20. Le compte des entrepositaires sera arrêté et réglé à l'époque déterminée ci-dessus. Il sera déchargé des quantités manquantes, sans préjudice toutefois des fraudes qui auraient été commises, que les employés de l'entrepôt auront le droit de constater et de poursuivre dans les formes établies.

TITRE III.

De la Sortie des vins et eaux-de-vie de l'Entrepôt.

21. Les propriétaires ou leurs fondés de pouvoir reconnus pourront seuls demander la sortie de l'entrepôt des boissons à eux appartenantes, en représentant l'expédition d'admission; les droits seront acquittés avant la sortie de l'entrepôt. A cet effet, le jaugeage sera fait par les employés de la régie; et, en cas de contestation, le propriétaire pourra demander la vérification du jaugeage par les employés du mesurage public.

22. Lorsque les boissons seront destinées pour l'extérieur de Paris, elles seront accompagnées de congés ou acquits-à-caution, selon qu'il y aura lieu. Indépendamment de ces expéditions, il sera remis à l'entrepositaire une feuille d'exporta-

tion, qui énoncera le délai dans lequel les boissons devront sortir de Paris. Les employés de la barrière certifieront sur cette feuille la sortie des boissons, après en avoir constaté l'indentité.

23. L'exportation des boissons sortant de l'entrepôt ne pourra avoir lieu que par la rivière, ou par l'une des barrières de *Passy*, du *Roule*, de la *Villette*, du *Trône*, d'*Enfer*, d'*Italie* et de la *Chapelle*.

24. Les boissons exportées par eau seront accompagnées par les employés jusqu'à la sortie.

25. Les entrepositaires des vins et eaux-de-vie qui feront sortir par terre ces liquides pour les exporter, seront tenus de consigner ou cautionner le droit d'entrée et d'octroi.

26. La consignation sera restituée ou la caution déchargée, en justifiant de la sortie par la barrière, et dans le délai désigné sur l'expédition; à défaut de cette justification, dans les trois jours, il y aura lieu à appliquer aux droits consignés ou cautionnés les dispositions de l'article 6 du présent réglement.

27. Les boissons entreposées ne pourront sortir de l'entrepôt en futailles, en quantités inférieures à un hectolitre, et en bouteilles dans une quantité au-dessous de vingt-cinq litres.

28. L'entrepositaire ou son fondé de pouvoir donnera décharge bonne et valable des boissons qu'il fera sortir, sur les registres de l'entrepôt, dont il est parlé articles 8 et 12.

TITRE IV.

Des Tonneliers et Ouvriers attachés à l'Entrepôt.

29. Le service de l'entrepôt et du port S.-Bernard sera fait par des ouvriers et hommes de peine attachés à l'entrepôt.

30. Ils seront divisés en trois classes ou compagnies :

1° Les tonneliers qui déchargent les bateaux, rangent les boissons dans l'entrepôt, remplissent les futailles, les réparent et ont en général soin des boissons;

2° Les dérouleurs qui reçoivent les pièces à la sortie du bateau et les mènent à l'entrepôt;

3° Les chargeurs et déchargeurs des boissons expédiées par terre.

31. Les tonneliers seront désignés par le préfet de police sur une liste double qui sera présentée par les délégués du commerce des vins.

Ne pourront être portés sur cette liste que des individus ayant patente ou pourvus d'un livret du préfet de police.

Ils recevront une carte d'admission, qui sera soumise au *visa* de l'administration de l'entrepôt, où ils seront aussi enregistrés.

Ils seront porteurs d'une médaille de cuivre qui portera d'un côté ces mots : *Entrepôt des vins*, et de l'autre côté *les armes de la ville.*

32. La compagnie actuelle des dérouleurs continuera de subsister, et de procéder au déroulage sur le port et dans l'entrepôt. Quant il y aura des nominations à faire, il y sera procédé comme il est dit article 31.

33. Le salaire des tonneliers et ouvriers, ainsi que le prix des fournitures qu'ils pourront faire, seront fixés par un tarif que le préfet de police arrêtera, après avoir entendu les délégués du commerce des vins et eaux-de-vie; ce tarif sera soumis à l'approbation du ministre des manufactures et du commerce.

34. Les compagnies de tonneliers et ouvriers seront responsables de tous dommages ou avaries provenant de la négligence ou du fait de l'un ou de plusieurs de ses membres.

35. Si l'administration juge convenable de renvoyer un ouvrier, elle lui interdira l'entrée de l'entrepôt et en préviendra le préfet de police, qui retirera la carte et la médaille de l'ouvrier.

Il sera pourvu à son remplacement suivant le mode déterminé ci-dessus.

36. Ces tonneliers seront formés en compagnies et brigades, selon les besoins du service, ainsi que le sont les dérouleurs.

37. Un réglement particulier déterminera le mode d'après lequel cette compagnie de tonneliers et ouvriers sera organisée.

38. Ce réglement sera fait par notre préfet de police, et

présenté à l'approbation du ministre des manufactures et du commerce, après avoir pris l'avis du directeur général des droits réunis, et avoir entendu les délégués du commerce des vins entrepositaires.

TITRE V.

Dispositions pour l'extérieur.

39. Les boissons expédiées à la destination de Paris, ne pourront être conduites qu'à destination dans la ville ou à l'entrepôt, et ne pourront être déposées en aucun lieu hors des barrières conformément au décret du 3 février 1810.

40. Il n'est pas dérogé par le présent au décret du 5 février 1810, qui prohibe la vente en gros des eaux-de-vie, esprits ou liqueurs, dans le rayon de trois myriamètres de Paris.

41. Les vins, eaux-de-vie, esprits ou liqueurs en passe-debout continueront à être soumis aux formalités prescrites par le réglement de l'octroi, et par le décret du 21 décembre 1808.

42. Toute contravention aux dispositions du présent décret sera punie de la confiscation des objets saisis et de l'amende de 100 francs au moins, et de 1000 francs au plus; les tribunaux pourront l'augmenter en cas de récidive.

43. Les ministres des finances, de l'intérieur et des manufactures et du commerce, sont chargés, chacun en ce qui le concerne, de l'exécution du présent.

Ordonnance du Roi sur l'Entrepôt et le Port annexe.

Louis, etc.

A tous ceux qui ces présentes verront, salut.

Sur le rapport de notre ministre secrétaire d'État au département de l'intérieur;

Notre conseil d'état entendu ;

Nous avons ordonné et ordonnons ce qui suit :

Art. 1er. Le remplissage des vins, cidres, poirés, vinaigres, eaux-de-vie, esprits et liqueurs, arrivant à Paris par la Haute-Seine, et destinés à être livrés immédiatement à la consommation de Paris, continuera de se faire dans le bassin de la Râpée, conformément aux dispositions de notre ordonnance du 18 juin 1817; et ces boissons seront exclusivement dirigées sur le port aux Tuiles.

2. Les vins conduits à la vente, et destinés à être entreposés à Paris, ne seront point remplis dans le bassin de la Râpée, et seront dirigés sur le port Saint-Bernard, qui est déclaré annexe de l'entrepôt, à partir du pont de la Tournelle jusqu'à la rue de Seine.

3. Les vins déposés sur le port annexe pourront y être remplis, vendus, et y séjourner comme ceux qui sont placés dans les cours et magasins de l'entrepôt, à la charge par les entrepositaires de se conformer aux réglemens d'entrepôt et de police.

Aucune opération de remplissage, de transvasion, ou autre, ne pourra avoir lieu dans les bateaux chargés de vins stationnant dans le port annexe.

4. Le droit d'entrepôt fixé précédemment à un franc par hectolitre de vin est réduit à cinquante centimes; mais ce droit sera perçu sur les vins enlevés du port annexe aussi bien que sur ceux expédiés de l'entrepôt; il sera exigible à la sortie des vins, quelle que soit la durée du séjour sur ce port ou dans l'entrepôt.

5. Des réglemens concertés entre notre directeur général des contributions indirectes et notre préfet de la Seine, détermineront les mesures d'exécution commandées par la présente ordonnance. Ils pourvoiront à ce qu'il ne puisse résulter d'abus du séjour des boissons sur le port; ils préviendront tout encombrement; enfin ils détermineront le mode de la surveillance qui devra être exercée sur ledit port dans l'intérêt de la ville et du Trésor.

6. Nos ministres secrétaires d'État aux départemens de l'intérieur et des finances sont chargés de l'exécution de la présente ordonnance.

Donné en notre château des Tuileries, le 27 octobre l'an de grâce 1819, et de notre règne le vingt-cinquième.

Signé LOUIS.

Arrêté de M. le Préfet du département de la Seine, du 17 Septembre 1816, contenant Réglement d'ordre intérieur de l'Entrepôt général des boissons.

Vu, 1° les décrets des 30 mars 1808, 11 avril et 5 décembre 1813, 2 janvier 1814 et 27 avril 1815, concernant l'entrepôt général des vins et eaux-de-vie à Paris;

2° Les observations de la chambre du commerce de Paris;

3° Le rapport de M. l'inspecteur général des contributions indirectes, directeur des droits d'entrée et d'octroi de Paris;

Nous conseiller d'état, Préfet du département de la Seine;

Arrêtons ce qui suit :

CHAPITRE PREMIER.

De l'Entrée des boissons dans l'Entrepôt et de leur sortie.

Art. 1er. L'admission des boissons à l'entrepôt de Paris aura lieu conformément aux dispositions de l'article 31 de la loi du 28 avril 1816, sur les contributions indirectes.

Il n'y sera point reçu de vaisseaux d'une contenance inférieure à l'hectolitre.

Les vins en bouteilles devront être en caisses ou paniers contenant vingt-cinq bouteilles au moins.

2. Le directeur de l'octroi déterminera, sur la proposition du conservateur de l'entrepôt, les emplacemens où devront s'effectuer les chargemens et déchargemens des vins et eaux-de-vie.

Des poteaux indiqueront l'étendue et les limites de ces emplacemens.

3. Il sera également affecté un local couvert et un emplacement extérieur pour le mouillage des eaux-de-vie.

Les eaux-de-vie devront rentrer en magasin immédiatement après l'opération du mouillage, et au plus tard dans les vingt-quatre heures.

4. Il est défendu de faire stationner aucunes boissons sur les trottoirs qui entourent les magasins, et qui sont exclusivement réservés pour le déroulage des pièces.

5. Tous fûts, caisses et paniers admis dans l'entrepôt devront être jaugés, marqués et numérotés, et mis en magasin dans les vingt-quatre heures de leur arrivée.

Le remplissage des pièces, quel que soit le vide, aura toujours lieu avant la reconnaissance des boissons.

CHAPITRE II.

Ordre intérieur des magasins.

6. Les eaux-de-vie seront toujours séparées des vins, et placées dans un magasin particulier.

7. Le conservateur de l'entrepôt désignera les emplacemens intérieurs, où les entrepositaires devront placer leurs boissons.

Il veillera à ce que ces emplacemens soient, autant que possible, contigus et proportionnés à l'étendue du commerce de chaque entrepositaire et à la quantité de boissons qui existent en son nom dans l'entrepôt.

8. Les pièces, lors de leur entrée dans les magasins, seront gerbées, savoir :

Celles de la contenance de 4 hectolitres et au-dessus, en deux rangs ;

Celles de 2 à 4 hectolitres, en trois rangs ;

Enfin, celles au-dessous de 2 hectolitres, en quatre rangs.

Les entrepositaires sont tenus de maintenir constamment cet ordre dans le placement de leurs boissons, nonobstant les ventes et enlèvemens.

9. Aucuns coffres, caisses, ou autres objets semblables, ne peuvent être placés dans l'entrepôt sans une autorisation de la direction de l'octroi.

10. Il est défendu d'introduire de l'eau dans les caves, cel-

liers ou magasins de l'entrepôt, sous prétexte de rincer les tonneaux, ou pour toute autre cause.

Les pièces vides devront toujours être rincées dans les cours.

11. Chaque entrepositaire est autorisé à avoir dans l'entrepôt dix fûts vides pour ses opérations; il est tenu d'y faire apposer son numéro marchand, et de les placer en évidence sur les pièces pleines qui lui appartiennent.

12. Lorsque les entrepositaires auront besoin d'un plus grand nombre de fûts vides pour des soutirages, ils pourront, sur un ordre écrit du conservateur, faire entrer dans les magasins ceux qui leur seront nécessaires; mais, dans ce cas, le soutirage devra être fait immédiatement en présence d'un employé de l'octroi désigné à cet effet.

13. Les lies sèches provenant des soutirages devront être enlevées sans délai de l'entrepôt; la quantité en sera constatée en présence du propriétaire, ou de son représentant; la sortie sera autorisée par le conservateur après les vérifications d'usage; le compte ouvert de l'entrepositaire sera ensuite déchargé d'une quantité égale.

14. Au 1er octobre de chaque année, lors de l'inventaire des boissons existant dans l'entrepôt, les entrepositaires seront tenus de faire remplir les fûts en vidange.

Ils seront également tenus d'assister à la rédaction de l'acte d'inventaire qui sera dressé; en cas d'absence, il en sera fait mention audit acte.

Si des quantités excédantes existaient aux charges des entrepositaires, ils devront justifier l'entrée de ces quantités.

CHAPITRE III.

Régime particulier des caves et celliers de l'Entrepôt.

15. Il ne peut être placé que des vins dans les caves et celliers particuliers de l'entrepôt.

16. Lorsque les négocians, locataires des caves ou celliers, ne les tiendront pas pleins jusqu'aux deux tiers au moins de ce qu'ils peuvent contenir, la direction de l'octroi pourra, si elle

le juge convenable, résilier le bail qui aura été passé avec eux, ou leur refuser d'entreposer des boissons dans les magasins ordinaires de l'entrepôt.

CHAPITRE IV.

Transfert des Boissons.

17. Les transferts de boissons entre marchands entrepositaires ne donnent point ouverture au droit de magasinage; mais ce droit est exigible toutes les fois que les boissons sont transférées à des marchands ou autres personnes non entrepositaires.

CHAPITRE V.

Police des Ouvriers attachés à l'Entrepôt.

18. La carte d'admission, dont chaque ouvrier et tonnelier doit être porteur, sera visée par le conservateur de l'entrepôt, et enregistrée sur un registre déposé dans le bureau dudit conservateur.

19. Les entrepositaires ou commissionnaires qui ont des ouvriers particulièrement attachés à leur service, pourront les employer dans l'entrepôt; mais ils devront les faire préalablement reconnaître par le conservateur, qui leur délivrera une carte d'admission dont ils seront toujours porteurs.

Leurs noms et demeures seront inscrits sur le registre dont il est fait mention dans le précédent article.

Aucun ouvrier ou tonnelier, non porteur d'une carte d'admission, ne sera reçu dans l'entrepôt pour y travailler; et ceux qui y seront admis, devront représenter leurs cartes à toute réquisition.

20. Les ouvriers de la compagnie, comme ceux attachés au service particulier des entrepositaires, qui seront surpris buvant dans les magasins, ou emportant des échantillons de boissons, sans une autorisation écrite du propriétaire, visée par le conservateur, seront immédiatement et irrévocablement exclus de l'entrepôt sans préjudice des condamnations en répa-

rations de dommages qu'ils auraient encourus par suite de procès-verbaux qui seront dressés contre eux.

21. Il leur est également défendu, et sous les mêmes peines, de se réunir dans les magasins lors de la cessation de leurs travaux, et d'y manger; ils devront se tenir dans le local qui leur sera assigné par la direction de l'octroi, et y attendre les ordres des entrepositaires ou de leurs agens.

Il leur est enjoint d'obéir aux ordres du conservateur et du contrôleur de l'entrepôt.

Les chefs ouvriers sont personnellement responsables de l'exécution des précédentes dispositions.

CHAPITRE VI.

Police des Voituriers, Broueteurs et Conducteurs de boissons.

22. Les voituriers, broueteurs et autres, qui viennent à l'entrepôt pour y charger les boissons, rangeront leurs voitures et haquets à la file, dans l'emplacement qui sera désigné par la direction de l'octroi; la tête de la place des voitures et haquets sera indiquée par un poteau ou par une inscription.

Les conducteurs se tiendront à la tête de leurs chevaux; il leur est défendu de s'en écarter, d'aller au-devant des acheteurs, et d'entrer dans les magasins.

23. Les voitures et haquets chargés qui attendront l'heure du départ des convois pour l'extérieur, seront rangés près la porte de sortie dans l'ordre qui sera assigné par les employés de l'octroi.

24. Défenses sont faites aux voituriers, broueteurs et autres, de charger et de décharger les boissons ailleurs que dans les emplacemens qui seront désignés à cet effet.

25. En cas d'infraction aux dispositions des articles précédens, les voituriers, charretiers et autres, pourront être exclus de l'entrepôt.

La même peine pourra être appliquée aux maîtres voituriers et à tous autres propriétaires de chevaux, haquets et charrettes, comme responsables des faits et actions de leurs domestiques.

CHAPITRE VII.

De l'Escorte des chargemens de boissons pendant la traversée dans la ville.

26. Les boissons arrivant des barrières à la destination de l'entrepôt, celles sortant dudit entrepôt pour être expédiées hors Paris, et celles déclarées en passe-debout dans la même ville, seront toujours escortées, pendant le trajet dans l'intérieur, par un ou plusieurs employés de l'octroi, nonobstant la consignation ou le cautionnement des droits.

27. A cet effet, il y aura plusieurs convois chaque jour, savoir :

Aux barrières désignées pour l'entrée des boissons à la destination de l'entrepôt, un convoi à dix heures du matin;

A l'entrepôt, pour la sortie des boissons à la destination de l'extérieur, deux convois chaque jour, l'un à neuf heures du matin, l'autre à deux heures de relevée.

La direction de l'octroi fera escorter, par ses employés et sans frais, tous les chargemens qui feront partie desdits convois, quel que soit le nombre des voitures.

28. Lorsque, dans des circonstances extraordinaires, et hors les heures fixées par les convois, il conviendra à des négocians entrepositaires ou conducteurs de boissons de traverser Paris en passe-debout, de faire arriver des boissons à l'entrepôt, ou de les en faire sortir; il pourra être, sur leur demande, accordé des escortes spéciales à toute heure de la journée, pourvu cependant que les boissons puissent arriver assez à temps aux barrières ou à l'entrepôt pour être reconnues avant la nuit.

Dans ce cas, il sera payé un franc par chaque voiture pour frais d'escorte extraordinaire.

CHAPITRE VIII.

Dispositions générales.

29. Les négocians et commissionnaires, ayant des boissons

à l'entrepôt, pourront placer à leurs frais, dans l'intérieur de cet établissement, soit dans les magasins, à l'exception de ceux où sont déposés les esprits et eaux-de-vie, soit dans les cours, des cabinets ou baraques en bois, pour y tenir leurs livres, et y faire leurs écritures.

Ils seront tenus d'en obtenir préalablement la permission écrite du directeur de l'octroi.

La forme et la construction des cabinets ou baraques seront réglées d'une manière uniforme; ils seront portatifs.

La faculté accordée par le présent article sera retirée à tout négociant ou commissionnaire qui sera surpris en contravention aux réglemens de l'octroi et de l'entrepôt.

30. Il est défendu d'apporter ni de faire du feu d'aucune manière dans les cabinets et baraques placés dans l'entrepôt.

Les lumières y seront placées dans des cylindres de verre pour prévenir tout accident de feu.

31. Dans les fêtes publiques, les illuminations pour l'établissement de l'entrepôt seront faites au bureau de contrôle, sur le quai de la Tournelle.

32. A défaut par les entrepositaires ou leurs agens de remplir dans les délais fixés les différentes obligations qui leur sont imposées, le conservateur de l'entrepôt est autorisé à faire opérer d'office, aux frais, risques et périls desdits entrepositaires; le remboursement de ces frais sera effectué avant que le propriétaire puisse disposer de ses boissons.

Les autres contraventions aux dispositions du présent arrêté seront constatées par des procès-verbaux, et punies des peines prononcées par les réglemens.

En cas de récidive de fraude, les contrevenans, outre les peines encourues, pourront être privés de leur droit d'admission à l'entrepôt.

33. Le directeur de l'octroi de Paris est chargé de l'exécution du présent arrêté.

Signé CHABROL.

Ordonnance de police concernant le Service des Tonneliers employés sur les Ports et dans l'Entrepôt général des vins et eaux-de-vie.

Du 31 Juillet 1817.

NOUS, MINISTRE D'ÉTAT, PRÉFET DE POLICE,

Considérant qu'il importe au maintien de l'ordre et à l'intérêt du commerce des vins, de régulaliser le service des tonneliers employés sur les ports et dans l'entrepôt général des vins et eaux-de-vie;

Vu les articles 37 et 38 du réglement du 2 janvier 1814;

Ordonnons ce qui suit :

ART. 1er. Le service de l'entrepôt général des vins et eaux-de-vie et des ports sera fait par des tonneliers nommés par nous, conformément à l'article 31 du réglement du 2 janvier 1814 et sans préjudice des dispositions de l'art. 19 de l'arrêté de M. le préfet de la Seine, en date du 17 sepembre 1816.

2. Le nombre des tonneliers est fixé à cent; néanmoins, dans le cas où les besoins du service l'exigeraient, ce nombre pourra être augmenté sur la demande du commerce des vins.

3. Les tonneliers porteront ostensiblement une médaille qui leur sera délivrée par nous. Cette médaille portera d'un côté *les armes de la ville*, et, de l'autre, *entrepôt général des vins et eaux-de-vie*.

4. Les tonneliers auront un chef et un sous-chef qui seront choisis parmi ces ouvriers, désignés par eux, et nommés par nous sur la présentation du syndicat du commerce des vins et d'après l'avis de M. le directeur général des contributions indirectes.

5. Lorsqu'une place sera vacante parmi les tonneliers, il y sera pourvu par nous sur la présentation qui nous sera faite par le commerce des vins, d'un sujet valide, et dont la capacité aura été reconnue par un examen qu'il subira à cet effet

en présence du syndicat du commerce et des chef et sous-chef des tonneliers.

6. Le chef des tonneliers recevra le montant de leur salaire et leur en fera la distribution ; il est comptable envers eux, chaque semaine, de la totalité de la recette.

7. Il dirigera lui-même les travaux ; il composera les équipes, moitié des ouvriers les plus âgés, moitié des plus jeunes, et il les distribuera suivant les besoins de l'entrepôt et de chaque port.

8. Les tonneliers se rendront tous les jours au bureau principal de la tonnellerie, situé port de la Tournelle, pour être employés conformément à l'article précédent.

9. Les tonneliers manquant à l'appel, qui sera fait avant l'ouverture des ports et de l'entrepôt général, seront privés de la médaille, pour la première fois, pendant huit jours; pour la seconde fois, pendant quinze jours ; et pour la troisième fois, pendant un mois.

10. Lorsque le nombre des tonneliers sera insuffisant pour le service, le chef y pourvoira par l'appel des ouvriers des ports en état de travailler; le salaire de ces ouvriers supplémentaires sera réglé, de gré à gré, entre le chef des tonneliers et les auxiliaires.

11. Le chef des tonneliers inscrira, tous les jours, sur un registre à ce affecté, les tonneliers présens, ainsi que la distribution des *équipes*.

12. Les *équipes* seront dirigées par des chefs particuliers, qui seront nommés par le chef des tonneliers. Chacun de ces chefs sera pourvu de l'état nominatif des ouvriers attachés à son *équipe ;* il sera tenu de le représenter à toute réquisition, à qui de droit.

13. Les tonneliers ne pourront, sous aucun prétexte, quitter l'*équipe* à laquelle ils auront été attachés lors de la distribution du travail, à peine de perdre le salaire de leur journée.

14. Les chefs d'*équipes* seront tenus de fournir à la fin de chaque journée, au chef des tonneliers, un état, signé par

eux, de la quantité de pièces qui auront été déchargées, et des diverses réparations qu'elles auront exigées ; ils rendront compte aussi de la conduite des ouvriers pendant le travail.

Les ouvriers employés isolément fourniront les mêmes renseignemens au chef des tonneliers.

15. Ces états serviront à établir le compte général des travaux de la semaine et à faire la répartition du salaire.

16. Le tonnelier qui se sera blessé en travaillant pour le compte de la compagnie, recevra, pendant tout le temps de son inactivité, la totalité de la paie du tonnelier en activité.

Il ne pourra lui être accordé aucune indemnité s'il était dans un état d'ivresse.

Les blessures seront constatées par un chirurgien, sur le certificat duquel le secours accordé au blessé sera continué ou retiré.

17. Les tonneliers trouvés en état d'ivresse dans les bateaux ou dans l'entrepôt général, seront privés de la médaille pendant huit jours.

18. Les tonneliers convaincus d'avoir *débondonné* ou *piqué* des pièces de vin ou d'eau-de-vie dans les bateaux, sur les ports ou dans l'entrepôt, soit pour boire, soit pour emporter ou autrement, seront pour toujours privés de la médaille, sans préjudice des poursuites à exercer contre eux devant les tribunaux.

19. Les tonneliers seront tenus d'aller prendre et de rapporter au magasin les cordages, planches et autres ustensiles dont ils auraient eu besoin dans la journée.

20. Les tonneliers employés sur les ports et dans l'entrepôt général, se conformeront strictement aux dispositions de l'arrêté de M. le conseiller d'état, préfet du département de la Seine, en date du 17 septembre 1816, et aux lois et réglemens des contributions indirectes et de l'octroi de Paris.

21. A compter de la publication de la présente ordonnance, les boissons ne pourront être sorties des bateaux

qui les auront amenés à port, que par les tonneliers pourvus de médailles, exclusivement à tous autres individus, si ce n'est en cas *d'urgence* et dans l'intérêt général du commerce.

22. Les tonneliers sont collectivement et solidairement responsables des avaries qui proviendraient du fait et par la faute de l'un ou plusieurs d'entre eux, aux marchandises ou aux bateaux dont le déchargement leur sera confié.

23. Lorsque la perte aura été légalement constatée, le chef des tonneliers sera tenu d'en rembourser le montant à qui de droit.

24. Il est défendu aux tonneliers d'exiger des prix plus élevés que ceux portés au tarif approuvé par S. Ex. le ministre de l'intérieur, le 23 février 1815.

25. Le prix des travaux extraordinaires sera réglé de gré à gré, entre le commerce et le chef des tonneliers.

26. La compagnie des tonneliers sera constamment pourvue des ustensiles nécessaires à ses travaux.

La valeur de ces ustensiles ne pourra être au-dessous de *cinq mille francs.*

27. Il sera fait, au mois d'avril de chaque année, en présence du syndicat du commerce et de l'inspecteur géneral de la navigation et des ports, un inventaire estimatif de tous les ustensiles appartenant à la compagnie.

Expédition de cet inventaire nous sera transmise par l'inspecteur général de la navigation et des ports.

28. Les ouvriers qui à l'avenir seront admis parmi les tonneliers, paieront une somme de cinquante francs pour leur portion contributive dans la valeur du mobilier de la compagnie.

29. Lorsque par suite de décès, abandon ou révocation, la médaille d'un tonnelier sera vacante, la compagnie remboursera au titulaire ou à ses héritiers la somme de *cinquante francs.*

30. Pour subvenir aux diverses dépenses de la compagnie, il sera fait aux tonneliers une retenue de dix centimes

sur chaque journée de travail. Cette retenue s'opérera à la fin de la semaine, lorsque les tonneliers recevront leur salaire.

31. Les ouvriers non employés après l'appel du matin, et qui voudraient travailler en ville, seront tenus d'en prévenir leur chef et de verser entre ses mains, à la fin de chaque semaine, les dix centimes par journée de travail exigés par l'article précédent.

32. Les fonds provenant des perceptions prescrites par les articles 27, 29 et 30, serviront à payer:

1.° L'achat et l'entretien des cordages, planches, chemins, etc., formant le mobilier de la compagnie;

2.° Les avaries de marchandises ou de bateaux provenant du fait des tonneliers;

3.° Les secours à accorder aux blessés conformément à l'article 16;

4.° Et les frais de bureau.

33. Le chef des tonneliers tiendra un registre exact des sommes reçues et dépensées.

Il en fournira tous les mois un état qui sera vérifié, arrêté et visé par le syndicat du commerce des vins, et par l'inspecteur général de la navigation et des ports qui nous le transmettra.

34. Nous nous réservons de statuer à la fin de chaque année, et dans l'intérêt des tonneliers, sur l'emploi des fonds excédant les besoins de la compagnie, comme aussi de prescrire, en cas d'insuffisance, les moyens de subvenir à ces mêmes besoins.

35. Il nous sera rendu compte des contraventions à la présente ordonnance, et il sera pris envers les contrevenans telles mesures de police administrative qu'il appartiendra.

36. La présente ordonnance sera soumise à l'approbation de S. Ex. le ministre de l'intérieur.

Elle sera imprimée et affichée.

Les commissaires de police, l'inspecteur général de la navigation et des ports, et les préposés de la préfecture sont chargés de tenir la main à son exécution.

Le ministre d'état, préfet de police,
Signé Comte ANGLÈS.

Tarif pour la Perception des Droits de magasinage dans les entrepôts des vins, eaux-de-vie et huiles.

DÉSIGNATION DES OBJETS ASSUJETTIS aux droits.	MESURE	DROIT à PERCEVOIR.		OBSERVATIONS.
Vin en cercles ou en bouteilles..............	Hectolitre	0f	50c	Les droits de magasinage sont exigibles seulement lors de la sortie des liquides des entrepôts; ils sont les mêmes quelle que soit la durée du séjour. Ces droits ont été ainsi fixés d'après les délibérations du conseil municipal, par un décret du 27 avril 1815, par l'ordonnance du 27 octobre 1818 (art. 4), et par des décisions du ministre des finances des 13 septembre 1820 et 12 octobre 1821, conformément aux dispositions de l'art. 54 de l'ordonnance du 9 décembre 1814.
Eau-de-vie, esprits ou liqueurs............	*Idem*.....	1	00	
Huile d'olive.........	*Idem*.....	1	00	
Huile de toute autre espèce..............	*Idem*.....	0	50	
Huile à brûler, chez les épurateurs..........	*Idem*.....	0	25	
Loyer des caves et celliers voûtés.........	Par mètre carré par année.	2	00	
Loyer des celliers particuliers dans les magasins supérieurs....	*Idem*.....	1	00	

CHAPITRE III.

DU COMMERCE DES VINS A PARIS, ET DISPOSITIONS PÉNALES SUR LA FALSIFICATION DES BOISSONS.

Réglement du 15 Décembre 1813, sur le Commerce des vins à Paris.

SECTION PREMIÈRE.

Du Commerce des Vins.

Art. 1er. La patente de marchand de vin en gros ou en détail, établi dans notre bonne ville de Paris, est déclarée spéciale, et sera, pour tous les marchands, de 100 francs de droit fixe, sans préjudice du droit proportionnel.

2. Néanmoins les traiteurs, restaurateurs et aubergistes continueront, avec la patente de leur profession, à vendre et débiter du vin en bouteille aux personnes auxquelles ils donnent à manger.

3. Tout individu exerçant actuellement la profession de marchand de vin en gros ou en détail, ou vendant du vin en détail, quoique exerçant une autre profession, est autorisé à continuer la profession de marchand de vin, à la charge,

1°. De se pourvoir, dans six mois, de la patente exigée par l'article 1.er;

2.° De déclarer son intention, dans le même délai de six mois, à la préfecture de police, et d'en retirer certificat;

3° De se faire inscrire également chez le syndic des marchands de vin;

4.° D'avoir à sa principale porte un écriteau indicatif de sa profession de marchand de vin.

4. Tout individu qui voudra à l'avenir exercer la profession de marchand de vin, sera tenu de se faire inscrire comme il est dit à l'article précédent, de faire connaître la rue et la maison où il veut s'établir, et d'en obtenir l'autorisation du préfet de police.

5. Tout marchand de vin déjà établi qui voudra changer de domicile, ou avoir une cave de débit de plus, sera tenu de faire la même déclaration et d'en obtenir l'autorisation du préfet de police.

6. Nul marchand de vin en détail ne pourra avoir, en vertu de sa patente fixe et spéciale, qu'une seule cave en ville pour le débit en détail, outre son principal établissement. S'il veut avoir une ou plusieurs caves de débit en outre, il paiera pour chacune le droit fixe de patente, sans préjudice du droit proportionnel.

7. Les syndics et adjoints des marchands de vin présenteront un projet de statuts pour la discipline et le régime intérieur de leur commerce : il nous sera soumis, pour être, s'il y a lieu, homologué en notre conseil d'état, sur le rapport de notre ministre du commerce.

SECTION II.

De la Vente du vin par les propriétaires.

8. Il n'est rien innové au droit qu'ont toujours eu les propriétaires de vendre le vin de leur cru, en faisant la déclaration à la préfecture de police.

9. Tout habitant ayant fait entrer du vin dans sa cave, et ayant payé les droits, peut le céder ou le vendre à qui bon lui semble, sans être assujetti à aucun droit ni à aucune déclaration.

SECTION III.

Des Commissionnaires.

10. Tout individu vendant des vins par commission pour plusieurs propriétaires, est tenu de se pourvoir, à Paris, de

la patente de commissionnaire, sans que les patentes prises dans une autre commune puissent y suppléer.

SECTION IV.

Dispositions prohibitives et pénales.

11. Il est défendu à toutes personnes faisant à Paris le commerce de vins, de fabriquer, altérer ou falsifier les vins, d'avoir, dans leurs caves, celliers et autres parties de leur domicile ou magasin, des cidres, bières, poirés, sirops, mélasse, bois de teinture, vins de la pressée, eaux colorées et préparées, et aucunes matières quelconques propres à fabriquer, falsifier ou mixtionner les vins; et ce, sous les peines portées aux articles 318, 475 et 476 du code pénal, et en outre sous peine de fermeture de leurs établissemens, par ordonnance du préfet de police.

12. Tous marchands et commissionnaires qui exerceraient le commerce des vins sans patente, ou contreviendraient aux dispositions du présent décret, seront passibles des peines portées aux articles 37 et 38 de la loi du 1.er brumaire an VII.

Néanmoins tout individu qui enverra du vin à l'entrepôt de Paris, et le fera sortir pour envoyer hors de la ville, ne sera pas tenu de prendre de patente pour raison de cet entrepôt, s'il ne fait d'ailleurs le commerce de vins dans Paris.

SECTION V.

Des Courtiers gourmets piqueurs de vins.

13. Il sera nommé des courtiers gourmets piqueurs de vins: leur nombre ne pourra excéder cinquante.

14. Leurs fonctions seront,

1.° De servir, exclusivement à tous autres, dans l'entrepôt d'intermédiaires, quand ils en seront requis, entre les vendeurs et acheteurs de boissons;

2° De déguster, à cet effet, lesdites boissons, et d'en indiquer fidèlement le cru et la qualité;

3.° De servir aussi, exclusivement à tous autres, d'experts en cas de contestation sur la qualité des vins, et d'allégation contre les voituriers et bateliers arrivant sur les ports ou à l'entrepôt, que les vins ont été altérés ou falsifiés.

15. Ils seront tenus de porter, pour se faire reconnaître dans l'exercice de leurs fonctions, une médaille d'argent aux armes de la ville, et portant pour inscription : *Courtiers gourmets piqueurs de vins*, n°

16. Ils seront nommés par notre ministre du commerce, sur la présentation du préfet de police, et à la charge de représenter un certificat de capacité des syndics des marchands de vin.

17. Ils fourniront un cautionnement de 1200 francs, qui sera versé à la caisse du Mont-de-Piété, et dont ils recevront un intérêt de 4 pour 100.

18. Ils ne pourront faire aucun achat ou vente pour leur compte ou par commission, sous peine de destitution.

19. Ils prêteront serment devant le tribunal de commerce du département de la Seine, et y feront enregistrer leur commission.

20. Ils ne pourront percevoir, pour leur commission d'achat, ou de dégustation comme experts, autre ni plus fort droit que celui de 75 cent. par pièce de deux hectolitres et demi, payable moitié par le vendeur, moitié par l'acheteur.

21. Le tiers de ce droit sera mis en bourse commune pour être réparti tous les trois mois également entre tous les courtiers; les deux autres tiers appartiendront au courtier qui aura fait la vente.

22. Ils nommeront entre eux, à la pluralité des voix, un syndic et six adjoints, lesquels formeront un comité chargé d'exercer la discipline, de tenir la bourse commune, et d'administrer les affaires de la compagnie sous la surveillance du

préfet de police et l'autorité du ministre du commerce et des manufactures.

23. Tout courtier gourmet piqueur de vins contre lequel il sera porté plainte d'avoir favorisé la fraude à l'entrée des barrières, ou à la sortie de l'entrepôt, ou de toute autre manière, sera destitué par notre ministre du commerce, s'il reconnaît, après instruction faite par le préfet de police, que la plainte est fondée.

24. Tout individu exerçant frauduleusement les fonctions desdits courtiers, sera poursuivi conformément aux règles établies à l'égard de ceux qui exercent clandestinement les fonctions de courtiers de commerce.

25. Les courtiers de commerce près la bourse de Paris continueront toutefois l'exercice de leurs fonctions pour le commerce de vins, et pourront déguster, peser à l'aréomètre et constater la qualité des eaux-de-vie et esprits déposés à l'entrepôt, concurremment avec les courtiers gourmets piqueurs de vins.

26. Notre ministre des manufactures et du commerce est chargé de l'exécution du présent décret, qui sera inséré au Bulletin des lois.

Extrait du Code pénal, en ce qui concerne les Boissons falsifiées.

LIVRE III.

TITRE II.

CHAPITRE PREMIER.

SECTION II.

ART. 318. Quiconque aura vendu ou débité des boissons falsifiées, contenant des mixtions nuisibles à la santé, sera puni d'un emprisonnement de six jours à deux ans, et d'une amende de seize francs à cinq cents francs.

Seront saisies et confisquées les boissons falsifiées trouvées appartenir au vendeur ou débitant.

CHAPITRE II.

SECTION PREMIÈRE.

Art. 387. Les voituriers, bateliers ou leurs préposés, qui auront altéré des vins ou toute autre espèce de liquide, ou de marchandises dont le transport leur avait été confié, et qui auront commis cette altération par le mélange de substances malfaisantes, seront punis de la peine portée au précédent article. (la réclusion.)

S'il n'y a pas eu de mélange de substances malfaisantes, la peine sera un emprisonnement d'un mois à un an, et une amende de seize francs à cent francs.

LIVRE IV.

CHAPITRE SECOND.

SECTION II.

Art. 475. Seront punis d'amende depuis six francs jusqu'à dix francs inclusivement.....

Ceux qui auront vendu ou débité des boissons falsifiées, sans préjudice des peines plus sévères qui seront prononcées par les tribunaux de police correctionnelle, dans le cas où elles contiendraient des mixtions nuisibles à la santé.

Art. 477. Seront saisis et confisqués 1.° . . . . . 2.° Les boissons falsifiées trouvées appartenir au vendeur et débitant: ces boissons seront répandues.

Art. 478. La peine de l'emprisonnement pendant cinq jours au plus, sera toujours prononcée, en cas de récidive, contre toutes les personnes mentionnées dans l'article 475.

CHAPITRE IV.

RETRAITES DES EMPLOYÉS DE L'OCTROI.

Réglement sur les Pensions de retraite en faveur des Employés de l'Octroi de Paris.

TITRE PREMIER.

Fonds de retraite.

ART. 1er. Il sera fait une retenue de trois pour cent sur les traitemens des employés de tout grade de l'octroi et de l'entrepôt de Paris.

Cette retenue formera un fonds de retraite et de secours au profit desdits employés, leurs veuves et orphelins.

2. La retenue prescrite par l'article précédent s'exercera tant sur les remises qui seront allouées aux employés par le budget des dépenses de la direction de l'octroi, que sur les sommes qui leur seront accordées, chaque année, par l'administration des contributions indirectes, à titre d'indemnité du service qu'ils sont chargés de faire pour le compte de cette administration.

3. La moitié du produit net des saisies non attribuées aux employés sera versée, à partir du 1er janvier 1815, à la caisse des retraites.

4. Le montant des appointemens pendant les vacances d'emploi, celui provenant des retenues sur les traitemens ou des suspensions ordonnées comme punition, sera ajouté au fonds de retraite.

Il en sera de même à l'égard du traitement des employés en congé auxquels ce même traitement n'aura pas été conservé.

5. Seront versées à la même caisse les économies qui auront été faites dans le courant de l'année sur les différens articles du budjet de l'octroi et de l'entrepôt.

TITRE II.

Conditions d'admission.

6. Les demandes à fin de pension seront adressées, avec les pièces à l'appui, au préfet de la Seine.

7. Il sera tenu un registre de ces demandes, où elles seront portées par ordre de date et de numéro.

8. Le préfet fera examiner les demandes et vérifier les titres à l'appui. Les projets de liquidation seront soumis à l'approbation de notre ministre de l'intérieur, au 1.er janvier et au 1er. juillet de chaque année.

9. Les pensions dont les pétitionnaires jouiraient sur les fonds du Trésor ou sur ceux de retraite d'une autre administration, viendront en déduction de celles dont ils demanderont la liquidation. Ils seront tenus de les déclarer, à peine de déchéance de leurs droits de retraite.

10. Les pensions courront au profit des employés en retraite, à dater du jour de la cessation de leur traitement d'activité.

11.* Les employés de l'octroi et de l'entrepôt pourront obtenir une pension de retraite après vingt-cinq ans d'exercice dans le service actif, et trente ans dans le service intérieur; le temps d'activité dans les administrations publiques comptera comme service effectif, mais sous la condition expresse que les réclamans auront au moins dix ans de service dans l'octroi, ou dans l'entrepôt, ou dans l'administration des contributions indirectes.

12. La pension pourra néanmoins être accordée avant les termes fixés par l'article précédent aux employés, que des accidens ou des infirmités résultant de l'exercice immédiat de leur emploi rendraient incapables de remplir aucune fonction, ou qui, par

* Cet article a été ainsi modifié par ordonnance de S. M. en date du 8 février 1816. (*Voir ci-après.*)

le fait de la suppression de leur emploi, se trouveraient réformés après dix ans de service et au-dessus. La fraction de service au-dessous de six mois ne sera pas comptée, et celle de six mois et au-dessus le sera pour une année.

13. Pour déterminer le montant de la pension, il sera fait une année moyenne du traitement fixe dont les pétitionnaires auront joui pendant les trois dernières années de leur activité.

Les gratifications, les remises, les frais de bureau, indemnités de logement et autres, n'entreront pas dans le calcul.

14. La pension accordée après vingt-cinq ans de service, pour les employés du service actif; après trente ans, pour ceux de l'administration intérieure, sera de la moitié de la somme réglée par l'article précédent; elle s'accroîtra du vingtième de cette moitié pour chaque année au-dessus de vingt-cinq ou de trente ans, sans que dans aucun cas la pension puisse excéder, SAVOIR :

Pour les régisseurs. . . . . 5000 fr.

Chefs de bureau, inspecteurs et receveurs. . . . .
de première classe. 3000

Sous-chefs, receveurs de deuxième classe. . . . .
et autres, contrôleurs ambulans. 2000

Autres employés. 1000

ni s'élever, pour les deux premières classes, à plus des deux tiers du traitement; pour la troisième, à plus des trois quarts; et pour les autres employés, à plus des quatre cinquièmes du traitement.

Le *minimum* de la pension de retraite des employés de l'octroi ne pourra être moindre de 300 francs.

15.* La pension accordée après dix ans de service et au-des-

* Par un arrêté en date du 22 janvier 1816, M. le conseiller d'état, préfet du département de la Seine, a décidé que les vérificateurs de comptabilité, le teneur de livres en partie double, le commis d'ordre général, l'archiviste garde-magasin, le chef des comptes ouverts à l'entrepôt des vins, le contrôleur près ce même entrepôt, les contrôleurs des ports et l'instructeur du mesurage et ses adjoints, seront assimilés, pour le temps de service et pour la quotité de la pension; savoir, les contrôleurs des

sus, dans les cas prévus par l'article 12, sera pour dix ans du sixième du traitement déterminé par l'article 13; elle s'accroîtra d'un soixantième de ce traitement pour chaque année de service au-dessus de dix ans, sans que dans aucun cas elle puisse excéder le *maximum* fixé par l'article précédent.

16. Dans le cas de réforme, par suite d'organisation, de suppression d'emploi ou d'infirmités non contractées au service, les employés qui n'auront pas dix ans de service dans l'octroi ou dans l'entrepôt, n'auront droit à aucune pension sur le fonds de retraite; mais ils recevront, sur la décision du préfet de la Seine, la totalité des retenues qu'ils auront supportées sans qu'il leur soit tenu compte des intérêts.

17. Si, par la suite, ces employés étaient admis à rentrer dans l'administration, le temps de leur service antérieur leur serait compté pour la pension; dans ce cas, ils seraient tenus de rapporter à la caisse des retraites le montant des retenues qui leur auraient été remboursées.

18. Les employés qui, dans l'exercice de leurs fonctions, auraient reçu des blessures, ou contracté des infirmités qui les mettraient hors d'état de continuer leur service, auront, conformément à l'article 12 du présent réglement, droit à une pension, quoique n'ayant pas dix ans de service dans l'administration.

La pension ne pourra être moindre du sixième du traitement; le préfet de la Seine pourra même, à raison de la gravité des blessures ou des infirmités, la proposer pour une plus forte somme, pourvu qu'elle n'excède pas la moitié du traitement d'activité, calculé conformément à l'article 13.

19. Le temps de service ne comptera pour admission à la retraite que du premier traitement d'activité, pourvu que ce traitement n'ait pas été accordé avant l'âge de vingt-un ans.

20. Les services militaires non récompensés seront admis dans la liquidation des pensions.

ports et de l'entrepôt, l'instructeur du mesurage et ses adjoints aux contrôleurs ambulans, et les autres employés aux sous-chefs de bureau.

TITRE III.

Des Veuves et Orphelins.

21. Les pensions des veuves et orphelins ne seront accordées qu'aux femmes et aux enfans des employés décédés en activité de service, avec droit acquis à une pension de retraite ou jouissant déjà de cette retraite.

Les veuves ne pourront y prétendre qu'autant qu'à l'époque du décès de leur mari, elles se trouveraient dans la cinquième année de leur mariage et qu'elles n'auraient pas divorcé.

22. La pension de la veuve d'un employé sera d'un quart de celle à laquelle son mari aurait eu droit ou dont il aura joui; elle pourra être augmentée et portée à la moitié, si la veuve est âgée de cinquante ans au moment du décès de son mari, ou s'il laisse à sa charge un ou plusieurs enfans au-dessous de dix-huit ans.

23. La veuve d'un employé qui contracte un nouveau mariage perd ses droits à la jouissance de la pension qu'elle a obtenue. Cette pension sera éteinte, à moins que l'employé n'ait laissé des enfans au-dessous de dix-huit ans, auquel cas la pension sera réversible aux enfans survivans.

24. Si la veuve décédait avant que lesdits enfans eussent atteint l'âge de dix-huit ans, la pension dont elle jouissait sera également réversible aux enfans.

25. Si l'employé n'a pas laissé de veuve, mais seulement des orphelins issus d'un ou de plusieurs mariages, il sera accordé à ces enfans la totalité de la pension à laquelle la veuve aurait eu droit.

26. Les enfans jouiront, par portions égales et jusqu'à l'âge de dix-huit ans accomplis, de la pension qui leur aura été accordée.

A mesure que chacun des enfans atteindra sa dix-huitième année, ou si l'un d'eux vient à mourir avant d'avoir atteint cet âge, sa portion sera répartie également entre ses frères et sœurs.

La pension qui, d'après les présentes dispositions, pourrait revenir à un ou plusieurs enfans, leur sera conservée toute leur vie, s'ils ont des infirmités, et si, par l'effet de ces infirmités, ils sont hors d'état de travailler pour subvenir à leurs besoins.

27. Dans le cas où un employé laisserait des enfans de plusieurs mariages et une veuve, la moitié de la pension à laquelle l'employé aurait eu droit sera partagée par portions égales entre tous les enfans et la veuve qui comptera pour deux têtes, si elle a droit à une pension.

Lorsqu'une ou plusieurs portions de la pension deviendront libres, le partage en sera fait entre la veuve et les enfans, ou entre les enfans seulement, si la veuve est décédée, conformément à la deuxième disposition de l'article précédent.

TITRE IV.

Cas de privation et de suppression des droits à la pension.

28. Tout employé destitué perd ses droits à la pension de retraite, et au remboursement des retenues qui lui auraient été faites pour le compte de la caisse des retraites.

29. L'employé démissionnaire perd également ses droits à la pension et au remboursement de ses retenues; mais si par la suite il était réadmis dans l'administration, le temps de son premier service compterait pour la pension.

30. Dans aucun cas, un employé ne pourra cumuler avec sa pension un traitement d'activité dans l'octroi ou dans l'entrepôt.

31. Tout pensionnaire qui serait convaincu d'avoir coopéré à la fraude, sera pour toujours privé de sa pension; les arrérages du quartier courant tomberont au profit de la caisse des retraites.

TITRE V.

Secours.

32. Les veuves ayant cinq ans de mariage et non divorcées, ainsi que les orphelins d'employés décédés sans avoir droit à la pension, obtiendront, sur la décision du préfet de la Seine, le

remboursement des retenues exercées sur les traitemens desdits employés.

Si les veuves ou orphelins se trouvent par quelques circonstances particulières dans le cas d'obtenir en outre un secours, leurs demandes seront soumises au préfet pour y être statué.

Le *maximum* des secours à accorder sera de la moitié du traitement de l'employé décédé; le *minimum* sera du sixième de ce même traitement.

TITRE VI.

Mode de paiement des pensions, des versemens et de la comptabilité des fonds de retraite.

33. Les pensions accordées sur les fonds de retraite seront payées comme des traitemens sur des états émargés et par douzième de mois en mois.

34. Le préfet de la Seine, en soumettant à notre secretaire d'état, ministre de l'intérieur, ses projets de liquidation de pension, pourra lui proposer d'accorder aux employés que ces liquidations concerneront, une provision, qui ne pourra excéder les quatre cinquièmes de la pension présumée devoir être accordée.

35. Les sommes payées auxdits employés, à titre de provision, leur seront précomptées sur le premier paiement de leur pension définitivement fixée.

36. Le produit des retenues, prélèvemens et recettes affectées aux fonds de retraite, sera versé à mesure des rentrées à titre de dépôt, à la caisse du payeur des dépenses de l'octroi.

37. Les sommes versées à ladite caisse seront uniquement et privativement affectées à la destination prescrite par le présent réglement.

38. Le préfet de la seine déterminera, lorsqu'il y aura lieu, le placement des fonds pour le plus grand avantage des employés.

39. Le directeur de l'octroi rendra, chaque année, au préfet, pour être par lui arrêté, le compte des recettes et dépenses de la caisse des retraites et des extinctions de pensions qui seront survenues.

TITRE VII.

Liquidation des pensions non réglées.

40. Les pensions, actuellement acquises et non encore liquidées, seront fixées conformément aux dispositions du présent réglement.

41. Il sera dressé un état des fixations antérieures qui ont pu être arrêtées, et il en sera rendu compte à notre ministre secrétaire d'état de l'intérieur, pour statuer sur les rectifications dont elles seront susceptibles.

Les pensions soumises à cet examen continueront d'être payées jusqu'à nouvel ordre d'après leur fixation actuelle, qui sera considérée comme provisoire.

42. Néanmoins tout employé qui, par l'effet de la révision ci-dessus ordonnée, serait reconnu n'avoir droit qu'à une pension inférieure à celle qui lui a été accordée, ne pourra être tenu à restitution pour les sommes qui lui auraient été payés antérieurement.

De la main de sa majesté est écrit : Approuvé.

Pour ampliation, le conseiller d'état, Secrétaire géneral du ministère de l'intérieur.

Signé DE BARANTE.

Ordonnance du Roi portant approbation du Réglement sur les Pensions de retraite, dressé par M le Préfet du département de la Seine, en faveur des Employés de l'Octroi de Paris.

LOUIS, etc.

A tous ceux qui ces présentes verront, salut :

Notre ministre et secrétaire d'état de l'intérieur nous a représenté que, parmi les employés de l'octroi de la ville de Paris, il en est un grand nombre à qui de longs et bons services donnent droit à des pensions de retraite ; qu'en raison de leur âge et de leurs infirmités, plusieurs d'entre eux sont hors d'état de continuer plus long-temps leurs travaux; que les sommes provenant des retenues sur les traitemens étant annuellement absorbées, il est nécessaire que nous accordions une augmentation de fonds, afin que l'administration de l'octroi ne soit point dans l'alternative, ou de priver de secours les employés qui ne peuvent plus continuer leur service, ou de leur laisser exercer des fonctions auxquelles ils ne sont plus propres.

A quoi voulant pourvoir, et notre ministre secrétaire d'état de l'intérieur, nous ayant soumis un projet de réglement dressé à cette fin par notre préfet du département de la Seine;

De l'avis de notre conseil,

Nous avons ordonné et ordonnons ce qui suit;

Art. 1er Le réglement sur les pensions de retraite en faveur des employés de l'octroi de notre bonne ville de Paris, dressé par le préfet du département de la Seine, et qui nous a été soumis par notre ministre secrétaire d'état de l'intérieur, est approuvé pour être exécuté selon sa forme et teneur. Il restera annexé à la présente ordonnance.

2. Toutes dispositions antérieures à la présente ordonnance; relatives aux pensions de retraite des employés de l'octroi de Paris, sont et demeurent abrogées.

3. Nos ministres secrétaires d'état de l'intérieur et des finances, sont chargés, chacun en ce qui le concerne, de l'exécution de la présente ordonnance.

Donné à Paris, le 14 septembre 1815, et de notre règne le vingt-unième.

Signé LOUIS.

Ordonnance du Roi qui modifie le Réglement sur les Retraites des Employés de l'Octroi de Paris.

Louis, etc.

A tous ceux qui ces présentes verront, salut;

Sur le rapport de notre ministre secrétaire d'état de l'intérieur,

Notre conseil d'état entendu,

Nous avons ordonné et ordonnons ce qui suit :

Art. 1er Les années de service des employés de l'octroi de Paris, dans l'administration des impôts indirects, leur seront comptées pour leurs pensions de retraite, comme leurs services dans l'octroi. En conséquence, l'article 11 du réglement relatif aux pensions des employés de l'octroi de Paris, sera rectifié ainsi qu'il suit :

Les employés de l'octroi et de l'entrepôt pourront obtenir une pension de retraite après vingt-cinq ans d'exercice dans le service actif et trente ans dans le service intérieur ; le temps d'activité dans les administrations publiques comptera comme service effectif, mais sous la condition expresse que les réclamans auront au moins dix ans de service dans l'octroi ou dans l'entrepôt ou dans l'administration des contributions indirectes.

2. Nos ministres secrétaires d'état de l'intérieur et des finances sont chargés de l'exécution de la présente ordonnance.

Donné en notre château des Tuileries, le 8 février l'an de grâce 1816, et de notre règne le vingt-deuxième.

Signé LOUIS.

Extrait de l'Ordonnance du Roi qui rectifie un article du Réglement sur les Retraites des Employés de l'Octroi de Paris.

Louis, etc.

A tous ceux qui ces présentes verront, salut ;

Sur le rapport de notre ministre secrétaire d'état au département de l'intérieur,

Notre conseil d'état entendu,

Nous avons ordonné et ordonnons ce qui suit :

2. L'article 21 du réglement annexé à notre ordonnance du

14 septembre 1815, concernant les pensions de retraite des mployés de l'octroi de notre bonne ville de Paris (Seine), est rectifié ainsi qu'il suit :

« Les veuves et orphelins des employés ne pourront obtenir une pension qu'autant que leurs maris et pères seront décédés dans l'exercice de leur emploi après dix ans de service; ou ayant acquis des droits à une pension de retraite, ou enfin jouissant de cette retraite.

« Les veuves ne pourront y prétendre qu'autant qu'à l'époque du décès de leurs maris, elles se trouveraient dans la cinquième année de leur mariage, qu'elles n'auraient pas divorcé, et qu'elles ne seraient pas légalement séparées de leurs époux. »

6. Notre ministre secrétaire d'état de l'intérieur est chargé de l'exécution de la présente ordonnance.

Donné en notre château des Tuileries, le 24 mai, l'an de grâce 1821, et de notre règne le vingt-sixième.

Signé LOUIS.

Extrait de l'Arrêté de M. le Préfet du département de la Seine, en date du 31 Janvier 1816.

Art. 1er Lorsqu'il n'aura pas été fait d'inventaire après le décès d'un employé, sa veuve, ses enfans, et autres héritiers, seront admis à justifier de leurs qualités par un acte de notoriété passé devant un notaire et à toucher, d'après cet acte, les sommes dues à l'employé décédé, à titre de traitement, remises et tarations.

2. Les traitemens, remises et taxations du mois dans le cours duquel l'employé sera décédé, seront intégralement payés aux veuves, enfans ou héritiers de l'employé, qu[illegible]de soit le jour de son décès.

CHAPITRE V.

PERCEPTION DES DROITS DE BANLIEUE ET POLICE DES PORTS EXTÉRIEURS.

Extrait de la Loi du 28 *Avril* 1816.

Art. 152. Des perceptions pourront être établies dans les banlieues, autour des grandes villes, afin de restreindre la fraude; mais les recettes faites dans ces banlieues appartiendront toujours aux communes dont elles seront composées.

Ordonnance du Roi portant Établissement de Droits d'octroi dans la banlieue de Paris, et Tarif de ces droits.

Louis, etc.

Vu l'article 152 de la loi de finances du 28 avril 1816 :

Vu la délibération prise, le 20 septembre 1816, par le conseil général du département de la Seine, faisant fonctions de conseil municipal à Paris; ensemble les observations et l'arrêté de notre conseiller d'état, préfet dudit département, en date du 30 du même mois ;

Vu aussi les observations de notre conseiller d'état, directeur général de l'administration des contributions indirectes, et celles de notre ministre secrétaire d'état au département de l'intérieur ;

Sur le rapport de notre ministre secrétaire d'état des finances ;

Notre conseil d'état entendu ;

Nous avons ordonné et ordonnons ce qui suit :

TITRE PREMIER.

De l'Etablissement d'une perception de banlieue aux environs de la ville de Paris.

Art. 1er Il sera établi, autour de notre bonne ville de Paris, une perception de banlieue sur les eaux-de-vie, esprits et liqueurs.

Elle s'étendra à toutes les communes des arrondissemens de Sceaux et de St.-Denis.

2. Dans le rayon assigné à la perception de banlieue, les eaux-de-vie, esprits et liqueurs seront soumis aux droits de consommation réglés par le tarif ci-après, et aux autres dispositions de la présente ordonnance.

TARIF.

DÉSIGNATION DES OBJETS ASSUJETTIS aux droits.	MESURE	DROIT à PERCEVOIR.	OBSERVATIONS.
Eaux-de-vie en cercles au dessous de 22 degrés...............	Hectolitre	15f 00c	Il sera perçu à la distillation des eaux-de-vie de grains, mélasse, vins, marcs, cidres ou autres substances, un droit égal à celui imposé à l'entrée de la banlieue. Les eaux-de-vie ou esprits altérés par quelque mélange que ce soit, sont assujettis aux mêmes droits que les eaux-de-vie ou esprits purs.
Eaux-de-vie en cercles de 22 degrés jusqu'à 28 exclusivement ...	*Idem*.....	20 00	
Eaux-de-vie rectifiées à 28 degrés et au-dessus, esprits, eaux-de-vie de toute espèce en bouteilles. Eaux de senteur et liqueurs composées d'eau-de-vie et d'esprit, tant en cercles qu'en bouteilles.	*Idem*.....	30 00	

3. La direction de l'octroi de Paris sera chargée de la recette et des autres mesures d'exécution, avec le concours et sous la surveillance des maires, des sous-préfets, et sous l'autorité de notre préfet du département de la Seine, et de notre directeur général des contributions indirectes, chacun dans l'ordre de ses attributions.

4. Ladite perception de banlieue ayant pour but de prévenir la fraude aux entrées de Paris, et de procurer aux communes rurales du département de la Seine des revenus dont elles ont besoin, les frais de perception seront supportés par lesdites communes et par l'octroi de Paris.

Le prélèvement sur les recettes, à la charge des communes rurales, ne pourra excéder dix pour cent des produits bruts. La quotité de ce prélèvement sera réglé par notre préfet du département de la Seine, et soumise par notre directeur général des contributions indirectes à l'approbation de notre ministre des finances.

5. La moitié des produits de la perception sera répartie, à la fin de chaque mois, entre les communes situées dans la banlieue, en proportion de leur population respective.

Il sera fait de l'autre moitié un fonds de réserve et de prévoyance, tant pour subvenir au paiement des parts et portions qui, à raison de leur intérêt à des dépenses reconnues communes à plusieurs municipalités, pourront leur être assignées par la répartition à faire de ces dépenses dans les formes prescrites par l'article 46 de la loi du 25 mars dernier, que pour accorder des secours à celles qui éprouveraient des besoins impérieux et auraient à pourvoir à des dépenses extraordinaires.

6. Le fonds de réserve sera versé chaque mois à la caisse des dépôts volontaires, et il ne pourra en être fait emploi que d'après les règles prescrites par notre ordonnance du 7 mars dernier.

7. Le produit net de la perception sera passible du prélèvement des dix pour cent ordonnés au profit du trésor, par l'article 153 de la loi du 28 avril 1816.

8. Le directeur de l'octroi de Paris fera verser dans les caisses des contributions indirectes le montant des dix pour cent revenant au trésor, et dans celle du receveur général du département le surplus du produit net.

Ce receveur versera sans retard et en proportion de ses rentrées, dans les caisses des communes, les sommes qui leur seront allouées, soit comme fonds ordinaire, soit comme fonds de supplément.

9. A l'expiration de chaque exercice, le directeur et les régisseurs de l'octroi de Paris présenteront le compte général de la perception de banlieue au Préfet de la Seine, qui le transmettra avec ses observations au conseil général du département, pour être examiné, discuté et arrêté.

Les doubles de ce compte seront adressés aux sous-préfets des arrondissemens de St.-Denis et de Sceaux, et à notre directeur général de contribution indirectes.

Les sommes allouées aux communes en vertu des articles précédens feront partie de leur comptabilité, qui continuera à être réglée dans la forme ordinaire.

TITRE II.

De la Perception des droits.

10. Les limites de la perception, objet de la présente ordonnance, seront déterminées par des poteaux portant ces mots : *Perception de la banlieue de Paris sur les eaux-de-vie, esprits et liqueurs.*

Le placement des bureaux sera déterminé par un arrêté du préfet de la Seine.

11. Tout porteur ou conducteur de boissons spécifiées en l'article 2, sera tenu, avant d'entrer dans la banlieue, de les déclarer à l'un des bureaux qui seront établis à cet effet sur les limites, et d'exhiber aux préposés les lettres de voiture, passavans, congés, acquits-à-caution ou toutes autres expéditions délivrées pour lesdites boissons, par la régie des contributions indirectes.

12. Lorsque les boissons seront destinées pour la banlieue, le porteur ou conducteur sera tenu d'acquitter le droit au moment même de la déclaration et avant l'introduction, à moins qu'étant porteur d'un acquit-à-caution, il ne déclare vouloir l'acquitter au moment de la décharge de cette expédition.

13. Les porteurs ou conducteurs de boissons arrivant en destination de Paris ou de l'entrepôt général de cette ville, seront tenus de se munir d'acquits-à-caution au bureau d'entrée de la banlieue, si déjà ces boissons ne sont accompagnées d'une semblable expédition délivrée par l'administration des contributions indirectes.

Il en sera de même à l'égard des eaux-de-vie, esprits et liqueurs qui, ayant pour destination un lieu situé hors de la banlieue, en traverseront le territoire pour y arriver.

14. Les eaux-de-vie esprits, et liqueurs qui sortiront de l'entrepôt géneral, ne pourront être enlevés qu'avec un acquit-à-caution.

15. Les acquits-à-caution délivrés en exécution des articles précédens, seront déchargés par les employés de l'octroi de Paris ou des contributions indirectes, soit après l'acquittement des droits aux entrées de Paris, soit après la prise en charge à l'entrepôt géneral, soit enfin après la vérification, au bureau de sortie de la banlieue, des eaux-de-vie, esprits et liqueurs qui seront expédiés pour le dehors.

16. Il ne pourra être établi de distilleries dans la banlieue, qu'en vertu d'une autorisation donnée par le préfet de la Seine.

17. Il sera fait mention sur les congés ou acquits-à-caution, délivrés par les préposés des contributions indirectes, pour les eaux-de-vie, esprits ou liqueurs qui seront enlevés de l'intérieur de la banlieue, que l'expéditeur a justifié de l'acquittement du droit de banlieue.

18. Les eaux-de-vie, esprits et liqueurs circulant dans la banlieue, sans acquits-à-caution de l'octroi, ou sans quittance du droit de banlieue, ou sans que les expéditions dont ils seront accompagnés pour les contributions indirectes,

présentent la mention voulue par l'article précédent, seront saisis par les préposés de l'octroi ou des contributions indirectes.

19. Conformément à l'article 53 de la loi du 28 avril 1816, les débitans de boissons seront tenus de représenter aux employés des contributions indirectes les quittances du droit de banlieue pour les eaux-de-vie, esprits et liqueurs qu'ils auront introduits dans leur débit : celles de ces boissons pour lesquelles ils ne pourront justifier de l'acquit de ce droit, seront saisies et confisquées.

TITRE III.

Dispositions transitoires.

20. Les eaux-de-vie, esprits et liqueurs qui existeraient en charge lors de la promulgation de la présente ordonnance, dans les comptes ouverts par les préposés des contributions indirectes, aux marchands en gros, commissionnaires, facteurs, dépositaires, courtiers, bouilleurs, distillateurs, débitans et autres, faisant un commerce quelconque de ces boissons dans le rayon assigné à ladite perception, seront soumis aux droits de banlieue, si, dans le délai de dix jours, ces boissons ne sont expediées, soit à l'entrepôt général, soit à l'extérieur.

TITRE IV.

Dispositions générales.

21. Les eaux-de-vie, esprits et liqueurs ne pourront être entreposés dans la banlieue : celles desdites boissons qui auront été déclarées lors de l'introduction comme ayant une destination extérieure, et dont le transport serait interrompu par une cause quelconque, devront être conduites à l'entrepôt général de la ville de Paris.

22. Toute contravention aux dispositions de la présente ordonnance, sera punie de la confiscation des objets saisis, conformément aux lois en matière d'octroi.

23. Le produit de ces confiscations sera réparti conformément aux règles prescrites pour l'octroi de Paris.

24. Dans tous les cas non prévus par les dispositions qui précèdent, on se conformera, en tout ce qui n'est pas abrogé par les lois en vigueur, aux dispositions de nos ordonnances des 9 et 23 décembre 1814, portant réglement d'octroi.

25. Nos ministres secrétaires d'état des finances et de l'intérieur sont chargés, chacun en ce qui le concerne, de l'exécution de la présente ordonnance, qui sera insérée au Bulletin des lois.

Donné à Paris, en notre château des Tuileries, le 11 juin de l'an de grâce 1817, et de notre règne le vingt-troisième.

Signé LOUIS.

Extrait de la Loi du 23 juillet 1820, sur le Budget de l'État.

ART. 3. Dans les communes qui, en vertu de l'article 152 de la loi du 28 avril 1816, ont été ou seront soumises à un octroi de banlieue, les boissons seront admises en entrepôt, aux mêmes conditions que dans l'intérieur de la ville.

Dans la banlieue de Paris, les entrepositaires et marchands en gros d'eaux-de-vie, esprits et liqueurs, seront soumis à l'exercice du détail; mais ils jouiront des déductions portées en l'article 87 de la loi du 25 mars 1817.

Arrêté de M. le Préfet du département de la Seine concernant le Placement de Poteaux indicatifs des limites de la perception de la banlieue de Paris.

Vu l'art. 10 de l'ordonnance du Roi, en date du 11 juin 1817, concernant la fixation des limites et le placement des bureaux de perception du droit de banlieue de Paris, sur les eaux-de-vie, esprits et liqueurs;

Nous, Conseiller d'État, Préfet du département de la Seine, arrêtons ce qui suit :

Art. 1er Les poteaux indicatifs des limites de la perception de banlieue de Paris, seront placés sur les routes, chemins et lieux désignés au tableau qui demeurera annexé au présent arrêté.

Chaque poteau portera, avec l'inscription prescrite par l'article 10 de l'ordonnance du 11 juin 1817, la désignation du premier bureau établi sur chacune des routes à l'embranchement desquelles il sera élevé.

La pose en sera faite en présence du maire de la commune et d'un employé de la régie des contributions indirectes, qui en dresseront procès-verbal.

2. Il est défendu de détruire, abattre ou dégrader lesdits poteaux, et d'en effacer ou enlever les inscriptions, sous les peines portées par l'article 257 du Code pénal.

3. Le présent arrêté sera imprimé et affiché partout où besoin sera, à la diligence de M. le directeur de l'octroi de Paris, qui demeure chargé de son exécution.

Paris, le 24 juillet 1817.

Signé CHABROL.

TABLEAU INDICATIF

Des Chemins et Lieux où seront placés les Poteaux.

COMMUNES.	LIEUX.
ARRONDISSEMENT DE SCEAUX.	
VILLEMONBLE.......	1° Sur le chemin de Neuilly-sur-Marne, à l'embranchement du chemin de la Fontaine-d'Enfer.
	2° Sur la chaussée de Gagny, à l'embranchement du chemin de Montfermeil.
	3° Sur la chaussée de Raincy, à la limite du département.
	4° Sur la Route-Blanche, à la limite du département.
	5° Sur le chemin de la Fosse-aux-Bergers, à la limite du département.
ROSNY...............	6° Sur le chemin des Ruffins, conduisant à Neuilly-sur-Marne, à la jonction du chemin des Marais, et de celui de Neuilly à Montereau.
	7° Sur le grand chemin de Rosny à Neuilly-sur-Marne, à la limite du département.
	8° Sur le chemin d'Avron à Neuilly-sur-Marne, à la limite du département.
NOGENT-SUR-MARNE.	9° Sur le chemin de la Maison-Blanche, à l'embranchement du chemin aux Vaches.
	10° Sur la route de Crécy, à la limite du département.
BRIE-SUR-MARNE.....	11° Sur le chemin pavé de Paris à Villiers, à l'embranchement du chemin des Clotets, conduisant de Brie à Chenevières.
	12° Sur le chemin de Brie à Villiers, à l'embranchement du chemin des Fontaines-Giroux.
	13° Sur la route de Brie à Noisy-le-Grand, à la jonction du chemin de la Garenne.

COMMUNES.	LIEUX.
	14° Sur le chemin de Brie à Noisy-le-Grand, longeant les murs du parc de M. le baron Louis.
CHAMPIGNY..........	15° Sur le chemin pavé de Chenevières, à la limite du département.
	16° Sur la route de Tournans, à l'embranchement de la ruelle des Chaloux.
	17° Sur le chemin de Champigny à la Lande, à la limite du département.
	18° Sur le chemin de Champigny à Villiers, à l'embranchement du chemin de Brie à Chenevières.
SAINT-MAUR.........	19° Sur le bord de la Marne, au passage de la Varenne, vis-à-vis Chenevières.
BONNEUIL...........	20° Sur le chemin de Bonneuil à la ferme de l'Hôpital, à la jonction du chemin qui conduit de Creteil à Brevannes, dit *le Sentier de Brevannes.*
	21° Sur le chemin de Bonneuil à Lucy, à la limite du département.
CRETEIL.............	22° Sur le chemin pavé de Choisy à la route de Provins, à la jonction du chemin de Mesly à Limeil.
	23° Sur la route de Provins, à la limite du département.
CHOISY...............	24° Sur la route de Melun, à l'embranchement du chemin pavé qui conduit à Choisy, et de celui qui va rejoindre la route de Provins.
	25° Sur le chemin des Bœufs, à la limite du département.
	26° Sur le bord de la rive droite de la Seine, à la limite du département.
ORLY.................	27° Sur le bord de la rive gauche de la Seine, à la limite du département.
	28° Sur le chemin d'Ablon, à la limite du département.

COMMUNES.	LIEUX.
	29° Sur le chemin de Choisy à Villeneuve-le-Roi, à la limite du département.
	30° Sur le chemin d'Orly à Villeneuve-le-Roi, à la limite du département.
	31° Sur le chemin des Meûniers, à la limite du département.
	32° Sur la grande route de Fontainebleau, à la Vieille-Poste.
RUNGIS	33° A l'embranchement de la voie des Avernaises et du chemin de Rungis à Parey
	34° Sur le chemin de Longjumeau, dit *la voie du Marché*, à la limite du département.
	35° Sur la voie de Rungis à Wuissous, à la limite du département.
	36° Sur la voie de Wuissous à Paris, dite *la voie des Laitières*, à la limite du département.
FRESNE	37° Sur le chemin pavé de Fresne à Wuissous, à la limite du département.
ANTONY.............	38° Sur la route d'Orléans, au bout du pont d'Antony, à droite.
	39° Sur la voie du Pont-aux-Anes, à l'embranchement du chemin des Morus.
	40° A l'embranchement du haut et du bas chemin de Verrières.
	41° Sur le chemin du Bua, à la limite du département.
	42° Sur le pavé de Verrières à Châtenay, à la limite du département.
	43° Sur la voie des Préaux, à la jonction de l'ancien chemin de Verrières à Châtenay.
	44° Sur la voie des Grillons, à la limite du département.
CHATENAY...........	45° A la porte des bois, chemin de Châtenay au bois de Verrières.

COMMUNES.	LIEUX.
	46° Sur la route de Choisy à Versailles, à l'embranchement de l'avenue du Plessis-Piquet et du chemin de Malabry à Sceaux.
CLAMART............	47° Au rond de la Boursillière, à l'embranchement de la route de Paris et de la route de Choisy à Versailles.
	48° A l'embranchement du chemin dit *des Charbonniers*, et du chemin de Petit-Bicêtre à Meudon.
	49° Sur le chemin dit *le Pavé-Blanc*, à la jonction du chemin de Petit-Bicêtre.
	50° Sur le chemin de Fleury, à la limite du département.
	51° Sur la voie des Monts, à la limite du département.
ISSY..................	52° Sur le chemin des Charbonniers, à la limite du département.
	53° Sur le chemin de Meudon à Paris, à la jonction du chemin d'Issy à Sèvres.

ARRONDISSEMENT DE SAINT-DENIS.

COMMUNES.	LIEUX.
AUTEUIL.............	1° Sur le vieux pont de Sèvres, au-dessus de la maison appartenant à M. Seguin.
BOULOGNE...........	2° Sur le pont de Saint-Cloud, à la limite du département.
SURESNE.............	3° Sur le chemin de halage qui borde la Seine, à la limite du département, du côté de Saint-Cloud.
	4° A la jonction de la grande sente de Saint-Cloud et du chemin de Rueil, près le village de Suresne, au bout de la rue de Saint-Cloud.
	5° A l'embranchement du chemin de Saint-Cloud au Calvaire, du chemin de Fouilleuse à Suresne, et du chemin des Carrières, à la limite du côté de Rueil.

COMMUNES.	LIEUX.
NANTERRE..........	6° A la jonction du chemin du Calvaire et du chemin de Suresne, au bas du Calvaire.
	7° A la jonction du chemin de Rueil à Puteaux, et du chemin de Nanterre au Mont-Valérien.
	8° A la jonction du vieux chemin de Rueil et du chemin de Saint-Cloud.
	9° Sur la route de Saint-Germain-en-Laye, à la limite du département.
	10° A la jonction du chemin du bois et du chemin de Rueil.
	11° Sur la route de Chatou, à la limite du département.
	12° Sur le bord de la Seine, en avant de la maison du moulin Alard.
	13° Sur le bord de la Seine, en face de Besons.
GENNEVILLIERS.....	14° Sur le bord de la Seine, au bac d'Argenteuil, à l'embranchement des chemins de Colombes, Asnières et Gennevilliers.
ÉPINAY..............	15° Sur le bord de la Seine, à la limite du département.
	16° Sur la route de Pontoise, à la sortie du village, au coin de la ruelle qui se dirige du côté de la Seine.
	17° Sur le chemin d'Épinay à Saint Gratien, à la jonction du premier chemin, en sortant du village, qui conduit à l'étang de Montmorency, à l'angle du canton de Sainte-Croix, du côté d'Épinay.
	18° Sur le chemin d'Épinay à Montmagny, à l'embranchement du Chemin-Vert.
	19° Sur la route de Saint-Denis, à l'embranchement du chemin qui conduit au moulin Coquenard.
VILLETANEUSE......	20° Sur le chemin de Villetaneuse à Montmagny, à l'embranchement du chemin de Pierrefitte.

COMMUNES.	LIEUX.
PIERREFITTE........	21° Sur la route de Chantilly, à la sortie du village, au coin du chemin du Regard.
	22° A l'angle formé par la Ruelle-aux-Vaches et le sentier qui rejoint la Ruelle-Ange en passant à travers les Longues-pièces et les Taille-fer.
STAINS..............	23° Sur l'ancien chemin de Saint-Denis à Sarcelles, à la limite du département.
	24° Sur le chemin du Haut-du-Roi, à la limite du département.
	25° Sur le chemin du Moutier, à la limite du département.
	26° Sur la route de Saint-Denis á Gonesse, à l'embranchement du chemin qui conduit à Dugny.
DUGNY..............	27° Sur la route de Paris à Senlis, près la rivière de Pont-Yblon, à l'embranchement du chemin de Dugny.
	28° Sur la même route, vis-à-vis le chemin de Blanc-Mesnil
BOURGET...........	29° Sur le chemin du Bourget à Aulnay, par le Coudray, à la limite du département.
GRAND-DRANCY......	30° Sur la route des Petits-Ponts, à la limite du département.
BONDY..............	31° Sur le chemin d'Aulnay, à la limite du département.
	32° Sur la route de Meaux, à l'embranchement de l'avenue du Raincy.
	33° Sur le chemin du Raincy, à l'embranchement du chemin de la Mainferme.

BANLIEUE DE PARIS.

Placement des Bureaux de Perception sur les limites, dans les communes ci-après.

ARRONDISSEMENT DE SCEAUX.

Villemonble.
Fontenay-sous-Bois.
Nogent (placé à la sortie du bois de Vincennes.
Pont de Saint-Maur.
Creteil.
Maisons.
Choisy (au bureau de navigation).
Villejuif.
Antony.
Châtenay.
Plessis-Piquet.
Clamart.
Issy.

ARRONDISSEMENT DE SAINT-DENIS.

Auteuil (placé au Point-du-Jour).
Boulogne.
Suresne.
Nanterre.
Colombes.
Gennevilliers.
Épinay.
Villetaneuse.
Pierrefitte.
Stains.
Dugny.
Bourget.
Bondy.
Saint-Denis (à la recette des contributions indirectes).
Neuilly (*idem*).

Nota. Le placement des bureaux a été déterminé par un arrêté de M. le Préfet du département, en date du 5 août 1817.

nance concernant la Police du port de Bercy.

A Paris, le 11 Février 1822.

Nous préfet de police,

Considérant que l'ordre public et l'intérêt du commerce exigent qu'il soit pris de nouvelles mesures pour régulariser le service du port de Bercy;

Vu les articles 2, 22, 32, 33 de l'arrêté du gouvernement du 12 messidor an VIII (1er juillet 1800), et l'article 1er de l'arrêté du 8 brumaire an IX (25 octobre suivant);

Vu les lettres de M. le directeur général des contributions indirectes, en date des 26 octobre et 20 novembre 1821, et du 4 février 1822.

Ordonnons ce qui suit:

Art. 1er Le port de Bercy est divisé en port de garage, et en port de déchargement.

Le port de garage est subdivisé en deux parties; la première commence immédiatement au-dessous du passage d'eau des carrières de Charenton, et se prolonge jusqu'à l'angle supérieur de la grande allée du château de Bercy. Elle est affectée au garage des trains de bois et des bateaux chargés de toutes denrées destinées à l'approvisionnement de Paris et des environs; la seconde, commence à la suite de la première, et se prolonge jusqu'à l'angle inférieur du parc de Bercy; elle est affectée au garage des bateaux de vin destinés pour Bercy.

Le port de déchargement s'étend depuis l'angle inférieur du parc jusqu'à la dernière maison de Bercy. L'espace existant entre cette maison et la barrière de la Râpée, sera toujours libre, et aucun bateau ne devra stationner dans cette distance, ni aucune marchandise être deposée sur la berge. Il sera placé à cet effet un poteau qui fixera la limite.

2. Il ne pourra être placé plus de quatre bateaux de hau-

teur au port de garage, et plus de deux au port de déchargement.

Tous ces bateaux seront solidement amarés. Dans le cas où ils seraient mal fermés, l'inspecteur général de la navigation et des ports y fera porter des cordes de longueur et grosseur suffisantes pour les amarer convenablement, aux frais des propriétaires ou conducteurs des bateaux, et les bateaux seront consignés jusqu'à l'acquittement des frais.

Dans le cas où le nombre des bateaux qui peuvent être contenus dans les ports de garage et de déchargement serait complet, les bateaux à la destination de Bercy seraient garrés au-dessus du pont de Choisy; il serait expédié de cette gare, chaque jour, un nombre de bateaux égal au nombre de bateaux qui auraient été déchargés à Bercy.

3. Dans les ports de garage et de déchargement, les bateaux seront rangés de manière à ce que les coches et autres embarcations de la rivière d'Yonne, partant et arrivant à jours fixes, puissent être mis aux endroits qui leur sont affectés, opérer leur déchargement et repartir sans aucune difficulté.

4. Aussitôt l'arrivage des bateaux au port de garage, les conducteurs les feront inscrire au bureau de l'inspecteur du port, et représenteront leurs lettres de voiture en bonne forme. Faute par les conducteurs de remplir cette formalité, leurs bateaux ne prendront rang pour la descente au port de déchargement, qu'à compter du jour de la déclaration des arrivages.

5. Le port de Bercy sera ouvert, savoir : du 1er avril au 1er octobre, depuis six heures du matin jusqu'à midi, et depuis une heure de relevée jusqu'à sept.

Et du 1er octobre au 1er avril, depuis sept heures du matin jusqu'à midi, et depuis une heure de relevée jusqu'à quatre.

L'ouverture et la fermeture du port seront annoncées par le son de la cloche placée près le bureau de l'inspecteur du port.

6. Il ne sera déchargé ni enlevé aucune marchandise pendant la fermeture du port.

7. Les bateaux ne pourront être descendus au port de déchargement, que dans l'ordre des arrivages et sur un permis de l'inspecteur du port, qui en prendra note sur le registre des arrivages.

8. Le déchargement d'un bateau, une fois commencé, ne pourra être interrompu, et devra être terminé dans trois jours au plus tard, après l'entrée du bateau dans le port de déchargement.

9. Dans le cas où le déchargement d'un bateau ne serait pas effectué dans le terme prescrit par l'article précédent, l'inspecteur du port en fera décharger immédiatement et sans interruption les marchandises, et le bateau sera remonté au port de garage ou conduit au lieu de déchirage aux frais et risques du propriétaire.

10. Aucune marchandise ne pourra rester sur la berge plus de trois jours après son déchargement; passé ce délai, les marchandises seront enlevées d'office et consignées en lieu de sûreté aux frais et risques de la marchandise.

11. Les bateaux dont le déchargement aura été fait à Bercy, ne pourront, sous aucun prétexte, être passés sur la rive opposée, affectée au service du hallage. Ils devront être remontés dans le port de garage, où ils ne pourront rester plus de huit jours. Passé ce délai, ils seront livrés aux remonteurs pour être conduits en pays haut.

12. Il ne pourra être déposé aucune boisson sur le boulevart extérieur, depuis la barrière de la Râpée jusqu'à celle de Bercy.

13. Il est défendu aux mariniers, remplisseurs, dérouleurs et autres ouvriers, de se rassembler près de la barrière de la Râpée, et de gêner en aucune manière le service des employés de l'octroi.

14. Les voitures affectées au service du port de Bercy seront rangées à la suite les unes des autres, savoir : pour la partie supérieure du port et pour le centre, au milieu de la

rue de Bercy, du côté qui longe les marais, et pour la partie inférieure, le long du boulevart. Dans aucune circonstance elles ne pourront stationner à moins de 25 mètres de la barrière de la Râpée.

15. Les charretiers, chargés de la conduite de ces voitures, seront tenus de porter d'une manière ostensible, une médaille en cuivre sur laquelle seront gravés ces mots : *Service du port de Bercy*, le nom du charretier et celui du propriétaire de la voiture avec sa profession.

Ces médailles leur seront délivrées en notre nom, sur un certificat du maire, par l'inspecteur général de la navigation et des ports.

Il leur est enjoint de se tenir constamment à la tête de leurs chevaux.

Il leur est défendu de se présenter sur le port, si ce n'est pour charger ou décharger des marchandises.

16. Le chargement des voitures ne pourra se faire que sur le pavé, et non sur la berge salpêtrée.

Il ne pourra jamais être chargé deux voitures de front.

17. Tout voiturier qui causera des avaries aux marchandises rangées sur le port, est garant des dommages envers le propriétaire.

Les voituriers sont civilement responsables des faits de leur charretiers.

18. Les voituriers se soumettront aux ordres qui leur seront donnés soit par le maire de Bercy, soit par l'inspecteur du port.

Ils se conformeront en outre aux dispositions de l'ordonnance de police du 11 novembre 1808, concernant les rouliers, charretiers et autres.

19. Les contraventions seront constatées par des procès-verbaux qui nous seront adressés, et les contrevenans seront poursuivis, conformément aux lois, pardevant les tribunaux compétens.

20. La présente ordonnance sera imprimée et affichée.

Le sous-préfet de l'arrondissement de Sceau, le maire de la commune de Bercy, l'inspecteur général de la navigation et des ports, l'inspecteur et le sous-inspecteur du port de Bercy, sont chargés de tenir la main à son exécution.

Le Conseiller d'Etat, Préfet de police,

Signé G. **DELAVAU.**

CHAPITRE VI.

CONSTRUCTIONS AUTOUR DE PARIS.

Ordonnance du Bureau des finances sur les Constructions autour de Paris, en date du 16 Janvier 1789.

DE PAR LE ROI.

Les présidens, trésoriers de France, généraux des finances, et grands voyers en la ville et généralité de Paris, commissaires du conseil en cette partie;

Sur ce qui a été représenté au bureau par le procureur du Roi, que Sa Majesté avait ordonné qu'il serait fait une nouvelle enceinte de Paris, dont une partie était déjà circonscrite par des murs, et que le surplus serait au plutôt provisoirement achevé en planches; qu'il serait aussi fait un boulevart de quinze toises de largeur, pour enceindre entièrement cette clôture, et qu'il serait réservé trente-six pieds de largeur, au long et en dedans de la nouvelle enceinte, pour former un chemin d'isolement qui pût se convertir par la suite en une rue; et que Sa Majesté avait encore ordonné qu'il ne serait point élevé de constructions sur les terreins qui resteront hors l'enceinte, qu'à *cinquante toises de distance de la clôture;* et dans Paris, en face de cette enceinte, qu'à trente-six pieds de distance; qu'il y avait cependant quelques bâtimens encommencés sur et près les terreins réservés, dont il était nécessaire d'arrêter les constructions : qu'il lui paraissait, en conséquence, instant de faire connaître les intentions du Roi; et de maintenir l'exécution des réglemens qui défendent toutes constructions et réparations extérieures de bâtimens pour lesquelles il n'aurait point été préalablemnt pris les permissions et alignemens du bureau ; qu'il requérait à ces fins, qu'il plût au bureau ordonner en se conformant aux intentions du Roi, sur la nouvelle enceinte de Paris, qu'il ne pourrait être fait, ni réparé aucuns murs de clôture ou bâtimens hors de cette enceinte, qu'à la distance de cinquante toises, et en dedans de ladite enceinte, qu'à trente-six pieds d'éloignement de ladite clôture; qu'il soit fait défenses à tous propriétaires, entrepreneurs et ouvriers d'encommencer aucunes fouilles et constructions au dedans et au dehors de ladite nouvelle clôture, sans avoir préalablement pris les permissions et alignemens nécessaires, sur les peines portées par la déclaration du Roi, du 10 avril 1783, et qu'il soit pareillement fait défenses, sous les mêmes peines de continuer aucunes constructions qui y seraient encommencées, avant d'avoir pris lesdites permissions et alignemens, et enfin que l'ordonnance à intervenir soit imprimée et affichée partout où besoin serait, notamment sur la nouvelle clôture de Paris. Sur quoi, vu ledit réquisitoire, la déclaration du roi, du 10 avril 1783, et autres réglemens; et ouï le rapport de Me Nicolas-Jacques-Augustin-Hébert de Haute-Claire, trésorier de France, commissaire du conseil, pour la direction du pavé de la ville, faubourgs et banlieue de Paris, le bureau fait défenses d'élever ou de réparer *aucuns murs de clôture et bâtimens* hors la nouvelle enceinte de Paris, qu'à la distance de *cinquante toises de la clôture*, et en dedans de ladite enceinte, qu'à *trente-six pieds d'éloignement de ladite clôture;* en conséquence, fait aussi défenses, sous les peines portées par la déclaration du Roi, du 10 avril 1783, à tous propriétaires, entrepreneurs et ouvriers d'encommencer aucunes fouilles et constructions au dedans et au dehors de ladite nouvelle enceinte, sans avoir préalablement pris les permissions et alignemens nécessaires; fait pareillement défenses, sous les mêmes peines, de continuer aucunes constructions qui y soient encommencées avant d'avoir pris lesdits permissions et alignemens, et ordonne que la présente sera imprimée et affichée partout où besoin sera, notamment sur les nouvelles clôtures de Paris. Fait au bureau de finances, à Paris, le 16 janvier 1789.

Décret du 11 Janvier 1808, concernant les Réglemens à observer pour les Constructions autour de Paris.

Sur le rapport du ministre de l'intérieur ;

Notre conseil d'état entendu ,

Nous avons décrété et décrétons ce qui suit :

Art. 1er Les déclarations et réglemens touchant les constructions autour de notre bonne ville Paris, et hors l'enceinte de sa clôture, seront exécutés.

En conséquence, nul ne pourra y faire aucune construction sans avoir demandé et obtenu la permission, et reçu un alignement, comme il est réglé pour les cas de grande voierie.

2. Les permissions ne pourront, conformément à l'ordonnance du bureau de finances, du 16 janvier 1789, autoriser à bâtir, à moins de cinquante toises (quatre-vingt-dix-huit mètres environ) de distance du mur de clôture de notre bonne ville.

3. Il y a lieu à autoriser la ville de Paris à acquérir, comme pour cause d'utilité publique, et à la charge d'une juste et préalable indemnité, les maisons construites, à moins de cinquante toises de distance de la clôture.

Les propriétaires desdites maisons ne pourront en augmenter la hauteur ou l'étendue, sans en avoir demandé et obtenu l'autorisation, comme il est dit en l'article premier.

4. Toutes constructions faites dans l'étendue indiquée aux articles ci-dessus, malgré les défenses qui leur auront été faites par les agens de la voierie, seront démolies sans délai.

5. Notre ministre de l'intérieur est chargé de l'exécution du présent décret.

Arrêté du Conseiller d'État, Préfet du département de la Seine, pour l'exécution du Décret concernant les Constructions autour de Paris.

Le conseiller d'état préfet du département de la seine,

Vu le décret du 11 janvier 1808, confirmatif de l'ordonnance du bureau des finances, du 16 janvier 1789, contenant fixation de la limite au-delà de laquelle il ne peut être faite aucune construction de bâtimens ou murs de clôture autour des murs d'enceinte de la ville de Paris;

Arrête, pour l'exécution dudit décret, les dispositions réglementaires suivantes :

Art. 1er Tout propriétaire de terreins situés hors de Paris, à une distance moindre de quatre-vingt-dix-sept mètres quarante-cinq centimètres (cinquante toises) du mur d'enceinte de cette ville, qui se proposera d'y établir des constructions, et de même tout propriétaire de constructions actuellement existantes sur ces terreins, qui se proposera d'y faire exécuter des changemens ou réparations de quelque nature que ce soit, sera tenu, avant d'entreprendre lesdites constructions, changemens ou réparations, de s'y faire autoriser; et, à cet effet, de présenter sa demande au maire de la commune sur le territoire de laquelle se trouveront situés le terrein où il s'agira de bâtir, les murs, bâtiment, échoppe ou toute autre construction à changer ou réparer.

2. La demande, formée en exécution de l'article précédent, sera renvoyée par le maire, avec son avis, au sous-préfet de l'arrondissement qui, après l'avoir instruite dans les formes usitées en matière de voierie communale, et après avoir entendu le rapport de l'ingénieur directeur des ponts et chaussées du département, ayant dans ses attributions la voierie des communes, prononcera provisoirement, et renverra le tout au préfet par qui il sera statué définitivement.

3. Les sous-préfets de St.-Denis et de Sceaux demeurent chargés, chacun dans son arrondissement, d'enjoindre aux

maires des communes dont le territoire avoisine les murs d'enceinte de Paris, de ne souffrir, à la proximité desdits murs, aucunes constructions nouvelles, ni aucunes réparations tendantes à confortation de constructions anciennes, avant qu'il leur ait été justifié des permissions et alignemens donnés dans la forme ci-dessus prescrite.

Ils leur enjoindront de plus, à défaut de représentation desdits alignemens et permissions, de s'opposer à la continuation des travaux, de faire retirer les ouvriers, et de dresser du tout un procès-verbal qu'ils enverront au sous-préfet, pour qu'il y soit statué dans les formes déterminées par la loi du 30 floréal an 10.

4. Indépendamment de la surveillance qui, en vertu de l'article précédent, sera exercée par les maires des communes, l'ingénieur en chef, chargé de la direction des travaux d'entretien des boulevards de Paris, demeure chargé de faire lui-même et de faire faire par l'ingénieur ordinaire, les conducteurs et autres préposés attachés à ce service, tous dûment assermentés, de fréquentes tournées sur la ligne extérieure des boulevards *extra muros*, soit pour prévenir les entreprises projetées, soit pour constater les contraventions commises; et, dans ce cas, en dresser leur rapport, que ledit ingénieur en chef enverra directement au préfet, pour qu'il y soit statué ainsi qu'il est porté en l'article 3.

5. La régie de l'octroi de Paris demeure également chargée de concourir au maintien des dispositions du décret du 11 janvier dernier, et, à cet effet, de dénoncer directement au préfet les infractions qui pourraient à l'avenir être commises ou tentées au préjudice dudit décret, et dont la régie se fera informer, soit par ses préposés aux barrières, soit par ses inspecteurs, contrôleurs et ambulans à qui elle donnera, sur ce, les instructions convenables.

6. Avant le premier janvier prochain, l'ingénieur en chef, chargé de la direction des travaux d'entretien des boulevards, dressera un état général de toutes les constructions, soit anciennes, soit récentes qui existent autour de Paris, dans le rayon

de 50 toises à partir des murs d'enceinte, et d'après l'envoi et l'examen de cet état, qui sera accompagné des observations et renseignemens nécessaires, il sera procédé à la classification desdites constructions, et pris, pour l'exécution du décret, tel parti qu'il appartiendra.

7. Il n'est, au surplus, en attendant ladite classification, aucunement dérogé, ni sursis aux poursuites qui peuvent avoir déjà été commencées en conseil de préfecture, au sujet des contraventions précédemment constatées par procès-verbaux d'ingénieurs, et lesdites poursuites seront, au contraire, continuées jusqu'à jugement définitif.

8. Le présent arrêté sera imprimé à la suite du décret du 11 janvier 1808, et de l'ordonnance du bureau des finances du 16 janvier 1789, publié et affiché tant dans l'intérieur de Paris qu'à l'extérieur, dans le chef-lieu de chacune des deux sous-préfectures et dans les communes dont le territoire touche immédiatement à celui de la ville de Paris.

Il en sera adressé des ampliations aux sous-préfets, à l'ingénieur en chef directeur des ponts et chaussées du département, à l'ingénieur en chef du pavé de Paris et des boulevards, aux régisseurs de l'octroi, et à tous les fonctionnaires et agens chargés de concourir à son exécution.

Fait à Paris, le 25 novembre 1808.

Signé FROCHOT.

Ordonnance du Roi sur les Constructions à Bercy.

Louis, etc.

Sur le compte qui nous a été rendu par notre ministre secrétaire d'état au département de l'intérieur, de la pétition des habitans de la commune de Bercy, tendant à obtenir la permission de reconstruire sur les mêmes emplacemens, les bâtimens détruits par l'incendie du 31 juillet dernier;

Vu le décret du 11 janvier 1808, qui interdit toute construction dans le rayon de cinquante toises des murs d'enceinte de notre bonne ville de Paris;

Considérant que ce décret n'a point été abrogé, mais que l'incendie du 31 juillet est une calamité si extraordinaire, les pertes qui en résultent sont tellement graves, qu'il excite toute notre sollicitude;

Considérant que les mesures d'exception qu'il motiverait ne peuvent ni tirer à conséquence, ni servir à légitimer le refus d'obéir aux dispositions du susdit décret;

Voulant d'ailleurs donner aux propriétaires atteints par cet incendie, une marque spéciale de notre protection et de notre intérêt, en leur accordant la facilité de réparer autant qu'il est possible, les pertes qu'ils ont éprouvées;

Notre conseil d'état entendu;

Nous avons ordonné et ordonnons ce qui suit:

Art. 1er Les propriétaires de la commune de Bercy dont les bâtimens et magasins situés dans le rayon de cinquante toises des murs d'enceinte de notre bonne ville de Paris, ont été détruits par l'incendie du 31 juillet dernier, sont autorisés à reconstruire leurs établissemens tels qu'ils existaient avant l'incendie, sauf à se conformer aux règles qui seront prescrites par le préfet de la Seine, pour la reconstruction, et à la charge de demeurer soumis à toutes les conditions auxquelles, avant l'incendie, lesdits propriétaires se trouvaient assujettis par le décret du 11 janvier 1808.

2. Nos ministres secrétaires d'état de l'intérieur et des finances sont chargés de l'exécution de la présente ordonnance.

Donné au château des Tuileries, le 18 août de l'an de grâce 1820, et de notre règne le vingt-sixième.

Signé LOUIS.

Arrêté du Préfet du département concernant les mesures à prendre contre les auteurs de conduits souterrains.

Le préfet du département de la Seine,

Informé que dans la vue d'introduire, en contravention aux lois, des objets assujettis aux droits d'octroi, il a été pratiqué et qu'il se pratique journellement des conduits souterrains communiquant de l'extérieur à l'intérieur de Paris, et traversant la voie publique et les propriétés particulières;

Considérant que l'existence de ces conduits compromet la sureté générale et individuelle des citoyens,

Arrête :

Art. 1er Les propriétaires et locataires des maisons et dépendances dans lesquelles auront été découverts des conduits, communiquant de l'extérieur à l'intérieur de la commune de Paris, seront dénoncés aux tribunaux pour être, conformément aux lois, poursuivis comme ayant porté atteinte à la sureté publique.

2. Il sera en outre dirigé contre lesdits propriétaires et locataires telles demandes et actions qu'il appartiendra, pour les faire condamner au paiement de tous les frais de visite, tranchée, comblement et remblai que lesdits conduits souterrains auront nécessités, sans préjudice des actions en dommages-intérêts qui pourraient être intentées par les propriétaires des maisons et terrains traversés par ces mêmes conduits.

3. Le présent arrêté sera imprimé et affiché.

Paris, le 13 thermidor an IX.

Signé FROCHOT.

CHAPITRE VII.

TIMBRE DES LETTRES DE VOITURE ET RECHERCHE DES MARCHANDISES SOUSTRAITES AUX DOUANES.

Extrait de la Loi du 13 Brumaire an VII, *sur le Timbre.*

Art. 12. Sont assujettis au droit de timbre établi en raison de la dimension, tous les papiers à employer pour les actes et écritures soit publics, soit privés ;.......... .

26. Il est prononcé par la présente une amende,...........

3.° De trente francs pour chaque acte ou écrit sous signature privée, fait sur papier non timbré ou en contravention aux articles 22 et 23.

Décret qui ordonne aux Préposés des octrois de se faire représenter les lettres de voiture, etc.

Du 16 Messidor an XIII (5 Juillet 1805).

Art. 1.er Les préposés des douanes et les préposés à la perception des droits d'octroi sont tenus de se faire représenter les lettres de voiture, connaissemens, chartes-parties et polices d'assurance des marchandises et autres objets dont le transport se fait par terre ou par eau, et de vérifier si ces actes sont écrits sur papier d'un franc, ainsi qu'il est prescrit par l'article 5 de la loi du 6 prairial an VII.

2. En cas de contravention, ils rédigeront des procès-verbaux pour faire condamner les souscripteurs et porteurs

solidairement à l'amende fixée par l'article 4 de la même loi.

3. Pour indemniser les préposés des soins de cette vérification, il leur sera accordée la moitié des amendes qui auront été payées par les contrevenans.

4. Les préposés de l'administration de l'enregistrement et des domaines qui auront constaté des contraventions de la même nature, profiteront également de la moitié desdites amendes.

5. Le ministre des finances est chargé de l'exécution du présent décret.

Extrait de l'article 59 *de la Loi du* 28 *Avril* 1816, *sur la Recherche des tissus étrangers.*

A dater de la publication de la présente loi, les cotons filés, les tissus et tricots de coton et de laine et tous autres tissus de fabrique étrangère prohibés, seront recherchés et saisis dans toute l'étendue du royaume. . . . . .

CHAPITRE VIII.

ABATTOIRS.

Extrait de l'Ordonnance du Roi du 16 Août 1815.

Art. 7. Les abattoirs seront mis en état de service pour le 1er janvier 1816 ; à compter dudit jour, notre bonne ville Paris y percevra les droits réglés par le tarif annexé aux présentes.

(Voir à la fin de ce chapitre).

Extrait de l'Arrêté de M. le Préfet du département de la Seine, du 12 Septembre 1818.

Art. 1er La perception des droits établis par l'ordonnance du 16 août 1815 pour l'abattage dans les abattoirs de la ville de Paris, des bœufs, vaches, veaux et moutons, commencera le 16 septembre présent mois, et sera faite par la direction de l'octroi, conformément au tarif annexé à ladite ordonnance.

2. Les droits seront perçus aux barrières en même temps que les droits d'octroi........

4. La perception du droit établi pour la fonte des suifs, par l'ordonnance dudit jour, 16 août 1815, ne commencera que le 1er octobre prochain ; elle s'effectuera sur les suifs en pain et sera également faite par la direction de l'octroi, d'après le mode qui sera ultérieurement déterminé......

Ordonnance de police concernant l'ouverture et la police des Abattoirs.

Du 11 Septembre 1818.

Nous Ministre d'État, Préfet de police.

Ordonnons ce qui suit :

TITRE PREMIER.

Ouverture des Abattoirs généraux.

Art. 1er. Les abattoirs généraux seront ouverts et livrés aux bouchers de Paris, le mardi 15 septembre courant.

2. A compter du 19 du même mois, aucuns bestiaux destinés à la boucherie ne pourront être conduits ni abattus dans aucune bouverie, étable, bergerie et abattoir particuliers. (*Décret du 15 octobre 1810, Ordonnance du 14 janvier 1815, ordonnance du 16 août suivant.*)

3. Dans le délai du 1er octobre prochain, tous les bouchers ayant des abattoirs particuliers, seront tenus de les supprimer, et de démonter les treuils, moulinets et anneaux servant à l'exploitation de ces abattoirs.

4. Les cinq abattoirs généraux seront distribués entre les bouchers, suivant l'état annexé à la présente ordonnance.

5. Les abattoirs particuliers seront tirés au sort entre les bouchers auxquels le même abattoir général est affecté.

6. Ce tirage au sort sera fait par les syndic et adjoints du commerce de la boucherie, en présence du commissaire de police et du commissaire-inspecteur général des halles et marchés.

Il en sera dressé procès-verbal qui nous sera transmis.

7. Les bouchers d'un même abattoir général pourront permuter avec d'autres bouchers, les abattoirs particuliers qui leur seront échus par le sort.

Ils devront donner par écrit, et signée d'eux, la déclaration de permutation avant le 15 de ce mois.

8. Pareille faculté est accordée aux bouchers désignés pour partager un abattoir particulier avec d'autres bouchers.

9. Les bouchers pourvoiront, ainsi qu'ils le jugeront convenable, à la nourriture de leurs bestiaux.

10. Ils se pourvoiront de tinets, étoux, baquets, sceaux, brouettes et de tous les instrumens et ustensiles manuels nécessaires à leur service.

TITRE II.

Conduite des bestiaux.

11. Les bœufs et vaches achetés dans les marchés de Sceaux et de Poissy, seront conduits directement aux abattoirs, suivant l'itinéraire provisoire annexé à la présente ordonnance.

12. Les conducteurs, en arrivant aux abattoirs, conduiront les bœufs dans les parcs de triage; ils dirigeront ensuite les bœufs de chaque boucher, à la bouverie qui lui est effectée.

13. Il leur est expressément défendu de laisser entrer leurs chiens dans les abattoirs.

14. Les veaux achetés dans les marchés de Sceaux, de Poissy et à la halle aux veaux de Paris;

Les vaches grasses achetées au marché de Paris;

Les moutons amenés, soit immédiatement des marchés extérieurs, soit des parcs de Vaugirard et de Clichy, seront conduits directement aux abattoirs.

15. Il est défendu aux conducteurs-charretiers et garçons bouchers de les conduire, détourner, et entreposer partout ailleurs, sous quelque prétexte que ce soit, sous les peines de droit.

16. Les bouchers sont tenus d'avoir dans les abattoirs, des garçons pour recevoir et soigner les bestiaux à leur arrivée.

17. Les conducteurs devront remettre au préposé de la police de chaque abattoir les bulletins et certificats d'achat des bestiaux dans les marchés.

Le préposé fera sur le champ écriture de chaque bulletin, remettra de suite les bulletins au préposé de l'administration municipale.

TITRE III.

Police des Abattoirs.

18. Aucune voiture de fourrages ne sera reçue dans les abattoirs, si son chargement ne peut être rentré et resserré avant la nuit tombante.

19. L'entrée et la circulation dans les greniers à fourrages, sont interdites depuis quatre heures du soir jusqu'à huit heures du matin, pendant les mois de novembre décembre, et janvier;

Depuis cinq heures du soir, jusqu'à sept heures du matin, pendant les mois de février, mars et octobre;

Depuis sept heures du soir jusqu'à cinq heures du matin, pendant les mois d'avril et de septembre;

Depuis huit heures du soir jusqu'à quatre heures du matin. pendant les mois de mai, juin, juillet et août.

20. Il est défendu d'entrer la nuit dans les bouveries avec des lumières, si elles ne sont renfermées dans des lanternes closes.

21. Les bouchers tiendront la main à ce que les corridors des greniers à fourrages et leurs escaliers soient nettoyés tous les deux jours.

22. Les bouchers peuvent abattre à toute heure de jour et de nuit, selon les besoins.

23. Les bouchers qui abatteront la nuit seront tenus d'en faire la déclaration au préposé de la police des abattoirs.

24. Il est expressément défendu de laisser ouvertes les portes des abattoirs particuliers au moment de l'abattage des bœufs.

25. Il est enjoint aux bouchers de laver ou faire laver exactement les abattoirs après l'abattage et l'habillage.

26. Il leur est enjoint de tenir en état constant de propreté les étoux, baquets, sceaux, brouettes et ustensiles de service.

27. Il est défendu de laisser dans les abattoirs particuliers aucuns suifs, graisses, dégrais, ratis, panses et boyaux, cuirs et peaux en verd, en manchons salés ou non salés.

28. Les bouchers feront enlever exactement les fumiers des bouveries tous les mois ou toutes les fois qu'ils en seront requis par les employés supérieurs de la police, et les vidanges tous les jours.

29. Tous amas de bourres et caboches est défendu.

TITRE IV.

Police des Garçons.

30. Il ne sera admis dans les abattoirs que des garçons bouchers porteurs de livrets.

31. Les livrets seront déposés au bureau du préposé à la police de chaque abattoir.

32. Les apprentifs devront justifier de leur enregistrement au bureau d'inscription des ouvriers.

33. Aucun boucher ne pourra prendre à son service un garçon, s'il ne justifie de son livret revêtu du congé d'acquit de son précédent maître.

34. Il est défendu aux garçons bouchers de se coaliser, pour faire cesser d'une manière quelconque, tout ou partie des travaux et du service des abattoirs. (*Article* 415 *du code pénal.*)

35. Il leur est défendu de détruire ou dégrader aucun objet dépendant des abattoirs généraux ou particuliers, et spécialement les pompes, tuyaux, robinets, tampons, comme aussi de laisser ouverts aucuns robinets sans nécessité. Les maîtres bouchers sont responsables des dégats faits par leurs ouvriers et agens.

36. Toute espèce de jeux de hasard et autres est expressément interdite dans les abattoirs.

37. Il est défendu de rien écrire, tracer ou crayonner sur les murs et sur les portes, soit en lettres, soit en figures, portraits ou images quelconques.

38. Tout garçon boucher qui sera trouvé fumant dans les bouveries ou greniers à fourrages, sera arrêté et poursuivi, conformément à l'art. 5 de l'ordonnance du 15 novembre 1781.

TITRE V.

De la Fonte des suifs.

39. A compter du 1er octobre prochain les suifs provenant des abats de bestiaux ne pourront être fondus que dans les abattoirs généraux.

Il est défendu d'en fondre partout ailleurs, même ceux des dégrais levés en ville.

40. Pourront néanmoins les bouchers livrer aux parfumeurs et pharmaciens les suifs de rognons et dégrais des moutons.

41. La fonte des suifs en branche appartient aux bouchers.

42. Les bouchers qui ne veulent ou ne peuvent point user de cette faculté, peuvent confier ou vendre leurs suifs en branche, soit à d'autres bouchers, soit à des fondeurs, pour être lesdits suifs fondus dans les abattoirs.

43. Les bouchers qui ne fondront pas par eux-mêmes, feront connaître le boucher ou le fondeur auquel ils auront confié ou vendu leurs suifs en branche.

44. Les vingt-huit fondoirs établis dans les abattoirs sont mis à la disposition des bouchers.

45. Les bouchers ont la faculté d'en laisser l'exploitation, en tout ou partie, à des fondeurs.

46. Les bouchers feront établir dans les fondoirs, sous la direction des architectes chargés de la construction des abattoirs, les fourneaux, poêles, tuyaux, rafraichissoirs, presses, cuviers, jalots et tous les instrumens et ustensiles nécessaires à la fonte.

47. Il ne pourra être établi de poêle d'une contenance moindre de mille kilogrammes.

48. Faute par les bouchers de mettre les fondoirs en état d'exploitation, dans le délai prescrit par l'article 39, les fondoirs seront mis à la disposition des fondeurs.

49. Les bouchers qui fondront par eux-mêmes, ne pourront le faire que dans celui des abattoirs généraux où se trouve leur abattoir particulier.

50. Les bouchers-fondeurs ou les fondeurs auxquels seront

livrés les fondoirs dans lesquels il a été établi par la ville des poêles, presses, instrumens et moyens de fonte, seront tenus de les prendre et conserver dans l'état où ils sont, suivant l'inventaire qui en sera fait, et aux conditions déterminées par le code de commerce.

51. Les bouchers-fondeurs et les fondeurs établis dans l'un des abattoirs, pourront lever des suifs en branche dans les autres abattoirs, mais ils seront tenus d'en faire la déclaration au préposé comptable de l'abattoir où les suifs seront levés; et ils ne pourront les transporter qu'avec une expédition de la déclaration.

52. Les bouchers-fondeurs et les fondeurs seront tenus de se conformer au réglement qui sera fait pour la perception du droit établi au profit de la ville, pour la fonte des suifs.

53. Les fondeurs fourniront un cautionnement de 1000 francs, en inscriptions au grand-livre, ou en immeubles situés dans le ressort de la cour royale de Paris, franc et quitte de toutes dettes et hypothèques.

54. La fonte des suifs peut avoir lieu de nuit comme de jours.

55. Il est défendu de mêler dans la fonte des suifs aucune matière étrangère.

En conséquence, l'introduction de toute matière propre à être mélangée avec le suif, est interdite dans les abattoirs et fondoirs.

56. Il est expressément défendu aux fondeurs de faire usage de lumière, autrement qu'avec des lanternes parfaitement closes.

L'usage des chandeliers, bougeoirs, martinets, lampes à main, est absolument interdit dans les fondoirs.

Il est enjoint au préposé de la police de les saisir partout où il en sera trouvé et d'en dresser procès-verbal.

57. Le bois amené pour le service des fondoirs sera rentré aussitôt après son arrivée.

58. Les cheminées des fondoirs seront ramonées tous les quinze jours.

59. Les fondeurs sont tenus de faire ratisser et nettoyer une fois au moins par semaine, le carreau des fondoirs, les rampes et marches des escaliers qui y conduisent.

60. Il sera établi dans chaque abattoir, un bureau de pesage public, pour le service des suifs.

61. Les dispositions du titre IV de la présente ordonnance, relatives aux garçons bouchers, sont déclarées communes aux garçons fondeurs.

62. Il est défendu aux bouchers-fondeurs et aux fondeurs, de vendre leurs suifs en pain, ailleurs qu'au marché à ce destiné. (Ordonnance du 2 août 1720, art. 3; arrêté du 7 septembre 1780; lettres-patentes du 1er juin 1782, art. 30.)

63. Il est défendu aux chandeliers d'acheter ou arrher des suifs ailleurs qu'au marché.

En conséquence, l'entrée des abattoirs et fondoirs leur est absolument interdite. (Mêmes réglemens.)

64. Les bouchers-fondeurs et les fondeurs sont tenus d'envoyer chaque semaine au marché aux suifs, des jalonneaux d'échantillons de chaque espèce de suifs qu'ils auront fondu dans la semaine, avec étiquette indicative des quantités de chaque espèce.

65. Les suifs achetés au marché seront livrés ou enlevés dans les trois jours.

66. Les suifs en pains seront enlevés, et ne sortiront de l'abattoir que sur congé.

TITRE VI.

Des Issues de Bestiaux.

67. L'ordonnance du 28 mai 1812, concernant la vente, la préparation et la cuisson des tripes, continuera à recevoir son exécution jusqu'à ce qu'il en ait été autrement ordonné.

TITRE VII.

Entretien des Abattoirs et Fondoirs.

68. Les bouchers et fondeurs seront tenus des réparations

locatives et d'entretien des bouveries, greniers à fourrages, abattoirs particuliers, fondoirs, ustensiles et cave, chacun pour ce qui le concerne.

TITRE VIII.

Droits dus à la Ville.

69. Les droits d'abattage et fonte des suifs seront payés conformément au tarif annexé à l'ordonnance du 16 août 1815.

La perception en sera faite ainsi et de la manière qui sera réglée par M. le conseiller d'état, préfet de la Seine.

TITRE IX.

Dispositions générales.

70. Il ne sera admis dans les abattoirs généraux, aucune personne étrangère à leur service.

71. Il est défendu d'y amener des chiens, à moins qu'ils ne soient muselés.

72. Il est défendu d'embarrasser les cours, rues et passages, par des charrettes, sans nécessité.

Il est également défendu d'embarrasser les préaux des corps d'abattoirs, avec des étoux, brouettes et baquets.

73. Il sera établi des préposés de police dans les abattoirs.

Ils prêteront serment en justice.

74. Les préposés dresseront des procès-verbaux de toutes les contraventions qui seront commises à la présente ordonnance.

Ces procès-verbaux nous seront transmis.

75. Les commissaires de police des quartiers où sont situés les abattoirs, seront tenus d'y faire des visites au moins une fois par semain .

76. Il sera pris envers les contrevenans aux dispositions ci-dessus telles mesures de police administrative qu'il appartiendra, sans préjudice des poursuites à exercer contre eux devant les tribunaux, conformément aux lois et réglemens.

77. La présente ordonnance sera imprimée et affichée.

Ampliation en sera transmise à M. le comte Chabrol, conseiller d'état, préfet du département de la Seine, à M. Pasquier, inspecteur-général des contributions indirectes, et directeur des droits d'entrée et d'octroi de Paris, et aux syndic et adjoints des bouchers.

78. Les commissaires de police, et notamment celui des marchés et ceux des quartiers où sont situés les abattoirs, l'inspecteur-général de police, les officiers de paix, le commissaire inspecteur général des halles et marchés, et les préposés de la préfecture de police, sont chargés de tenir la main à l'exécution de la présente ordonnance.

Le Ministre d'état, Préfet de police,
Signé Comte ANGLÈS.

Ordonnance de police concernant le Commerce de la triperie.

Du 19 Novembre 1818.

Nous, Ministre d'état, Préfet de police,

Vu les réclamations à nous adressées par les syndic et adjoints des bouchers, les tripiers et les fabricans de colle-forte, contre les dispositions des art. 1, 5, 6, 8 et 17 de l'ordonnance de police du 28 mai 1812, concernant la vente, la préparation et la cuisson des issues de bestiaux;

Vu pareillement, 1° l'art. 3, § 4, titre 11 de la loi du 24 août 1790; 2° les art. 2 et 23 de l'arrêté du 12 messidor an 8 (1er juillet 1800); 3° le décret du 15 octobre 1810, et l'ordonnance royale du 14 janvier 1815;

Considérant que l'ordonnance du 28 mai 1812, n'a dû avoir d'autre but que d'empêcher, d'une part, que des issues d'une valeur très-inférieure à celle des viandes de boucherie, fussent néanmoins détaillées comme telles dans les étaux des bouchers, au préjudice des consommateurs, et de l'autre, que celles des issues dont la mise dans le commerce exige des préparations préliminaires, capables de produire des effets insalubres, fussent préparées au milieu des habitations, contrairement aux dispositions desdits décret et ordonnance;

Considérant que toutes les parties des issues dont le débit ou la préparation ne sont soumises à aucune des précautions prévues par lesdites loi, décret et ordonnance, doivent être laissées à la libre disposition des bouchers et de tous autres qui en font le commerce;

Considérant que si l'atelier de triperie actuellement existant à l'Ile des Cygnes, est le seul de cette espèce qui ait été maintenu et formé conformément auxdits décret et ordonnance, il n'en résulte pour l'entrepreneur aucun privilége qui puisse l'autoriser à prétendre que des parties d'issues dont la mise dans le commerce n'exige aucune préparation capable de produire des effets insalubres, lui soient forcément et exclusivement livrées;

Ordonnons ce qui suit:

Art. 1er L'ordonnance du 28 mai 1812 est rapportée.

2. Les issues rouges de bestiaux se composent du cœur, du foie, de la rate et des poumons de bœuf, vache et mouton.

Les issues blanches se composent, savoir: 1° celles de bœuf ou vache, des quatre pieds avec leurs patins, de la panse, de la franche mule, des feuillets avec l'herbière, des muffles, palais et mamelles;

2° Les issues de mouton, de la tête avec la langue et la cervelle, des quatre pieds, de la panse et de la caillette.

3. Il est défendu aux bouchers de faire entrer aucune partie quelconque des issues rouges ou blanches dans leurs pesées de viande du débit même sous la dénomination de réjouissance. (Lettres-patentes du 1er juin 1782, art. 8; loi des 16, 24 août 1790, titre II, art. 3, § 4, et art. 484, du Code pénal.)

4. Les bouchers pourront disposer et faire, comme et à qui ils le jugeront convenable, la vente des pieds et patins, des muffles, palais mamelles de bœuf et de vache, des têtes, langues et cervelles de mouton.

5. Les panses, franches mules et feuillets de bœuf ou de vache, les panses, caillettes et pieds de mouton ne pourront être mis dans le commerce et la consommation, qu'après avoir subi les préparations nécessaires à cet effet.

6. En conséquence, les parties d'issues comprises dans l'art. précédent, ne pourront être enlevées des abattoirs, que pour être transportées dans l'atelier de triperie établi à l'Ile des Cygnes ou dans tout autre établissement de même nature légalement autorisé.

Il est défendu aux bouchers, garçons bouchers, tripiers et à tous autres, d'en soustraire, enlever et retenir, sous quelque prétexte que ce soit, et d'en livrer immédiatement aux tripiers et à tous autres acheteurs ou consommateurs. (Lois citées.)

7. L'entrepreneur de l'atelier de triperie est tenu de faire enlever tous les jours des abattoirs les parties d'issues désignées en l'article 5, après les avoir marqués de la marque du propriétaire.

8. Le marché aux deux espèces d'issues continuera d'avoir lieu dans le local à ce destiné à la halle des Prouvaires, aux jours et heures accoutumés.

9. Les bouchers pourront y apporter et vendre des issues rouges de la vente desquelles ils n'auraient pu traiter autrement.

10. L'entrepreneur de l'atelier de triperie est tenu de rapporter au marché, et par compte, les parties d'issues désignées en l'article 5.

Elles seront rapportées entières, bien préparées et cuites au degré demandé par les tripiers.

Les fragmens détachés des issues par l'effet des opérations du curage et des préparations préliminaires de cuisson, seront également rapportés.

Il est défendu à l'entrepreneur d'en disposer d'une manière quelconque avant de les avoir rapportés au marché.

11. Dans le cas où les tripiers négligeraient ou refuseraient de recevoir tout ou partie des issues rapportées au marché à leur destination, l'entrepreneur ou son préposé sera tenu d'en faire sur le champ sa déclaration, ensuite de laquelle il

vendra les issues, sauf le jugement à intervenir sur la contestation, s'il y a lieu.

12. L'entrepreneur tiendra compte aux tripiers des parties d'issues perdues ou détériorées.

13. L'entrepreneur est autorisé, comme par le passé, à retenir pour son compte le dixième des pieds de mouton, pour indemnité des pertes, accidens et déchets.

14. Le prix de la cuisson est réglé ainsi qu'il suit:

1° Pour chaque tripée de bœuf ou vache, 60 centimes.

2° Pour chaque tripée de mouton, 10 centimes.

3° Pour 400 pieds de mouton, 1 franc 25 centimes.

15. Il est défendu aux bouchers, tripiers et à tous autres, de faire aucune préparation et cuisson des parties d'issues désignées en l'art. 5, ailleurs que dans les établissemens qui sont ou seront autorisés à cet effet. (Décret du 15 octobre 1810, ordonnance du Roi du 14 janvier 1815.)

16. Les contraventions seront constatées par des procès-verbaux qui nous seront adressés.

17. Il sera pris envers les contrevenans aux dispositions ci-dessus, telles mesures de police administrative qu'il appartiendra, sans préjudice des poursuites à exercer contre eux devant les tribunaux, conformément aux lois et réglemens.

18. La présente ordonnance sera imprimée et affichée.

Les commissaires de police, et spécialement celui du quartier des marchés, l'inspecteur général de police, les officiers de paix, le commissaire inspecteur général des halles et marchés, et les préposés de la préfecture de police, sont chargés de tenir la main à son exécution.

Le Ministre d'état, Préfet de police,
Signé Comte ANGLÈS.

Ordonnance de police concernant les Fondoirs dans les Abattoirs généraux.

Du 30 Décembre 1819.

NOUS, MINISTRE D'ÉTAT, PRÉFET DE POLICE,

Vu les articles 44 et 45 de notre ordonnance du 11 septembre 1818, concernant les abattoirs généraux;

Considérant que des difficultés se sont élevées sur l'exécution de ces articles;

Qu'il importe de préciser les cas dans lesquels, au refus des bouchers, les fondoirs peuvent être livrés aux fondeurs;

Ordonnons ce qui suit :

ART. 1er Lorsqu'un fondoir sera vacant, sa vacance sera, à la diligence des syndic et adjoints des bouchers, annoncée par affiches tant au bureau de la boucherie que dans les abattoirs et à la halle aux veaux.

2. Dans le mois de la publication, les bouchers qui voudront en obtenir la concession adresseront leurs demandes aux syndic et adjoints qui nous les transmettront avec leur avis.

3. Ce délai passé, et à défaut de demande, le fondoir sera accordé au plus ancien fondeur en demande.

4. Tout fondoir concédé à un boucher, et qui aura été par lui vendu ou cédé à un fondeur, sera réputé vacant, et il en sera disposé conformément aux articles 2 et 3 de la présente ordonnance.

5. La présente ordonnance sera imprimée et affichée.

Les commissaires de police, le commissaire inspecteur général des halles et marchés, et les syndic et adjoints des bouchers sont chargés, chacun en ce qui le concerne, de tenir la main à son exécution.

Le Ministre d'état, Préfet de police,

Signé Comte ANGLÈS.

Tarif des Droits à percevoir dans les Abattoirs de la ville de Paris.

DÉSIGNATION DES OBJETS ASSUJETTIS aux droits.	MESURE OU POIDS.	DROIT à PERCEVOIR.	OBSERVATIONS.
Bœufs................	Par tête.	6f 00c	
Vaches..............	*Idem*	4 00	
Veaux................	*Idem*....	2 00	
Moutons.............	*Idem*	0 50	
Porcs	*Idem*	2 00	Les porcs étant abattus dans des échaudoirs particuliers, le droit d'abattage n'est pas perçu.
Foute des suifs........	100 kilog.	3 00	
Cuisson des abattis. Tripée de bœuf ou vache....	Par tripée.	0 30	Cette indemnité représente le prix de location des triperies et des fournitures d'eau; elle a été fixée par décision ministérielle du 15 juin 1821.
Cuisson des abattis. Tripée de mouton	*Idem*	0 05	

CHAPITRE IX.

PERCEPTION AUX FONTAINES MARCHANDES DE LA VILLE DE PARIS.

Nota. La rétribution exigée lors de la distribution de l'eau aux fontaines marchandes de la ville de Paris, sert à *couvrir* en partie les sommes dépensées pour l'entretien et l'exploitation des pompes à feu.

DÉSIGNATION DES FONTAINES.

<table>
<tr><td rowspan="8">Fontaines</td><td>des Bassins de Chaillot,</td><td rowspan="6">servies par les pompes à feu de Chaillot.</td></tr>
<tr><td>de Marigny,</td></tr>
<tr><td>de la rue du Mont-Blanc,</td></tr>
<tr><td>de la Porte Saint-Denis,</td></tr>
<tr><td>de la rue du Temple,</td></tr>
<tr><td>de la Bastille,</td></tr>
<tr><td>de la place du Palais Bourbon,</td><td rowspan="2">servies par les pompes à feu du Gros-Caillou.</td></tr>
<tr><td>de la rue de Sèvres,</td></tr>
</table>

Pompe à feu du quai des Ormes.

Extrait de l'Ordonnance du Roi du 16 Août 1815.

Art. 8 A l'avenir, et à compter du jour de la publication de la présente ordonnance, la prise d'eau aux huit fontaines, dépendantes de l'établissement des pompes à feu, sera assujettie, comme elle l'était avant le décret du 2 février 1812, à une rétribution au profit de la ville de Paris.

La rétribution à percevoir sera de vingt-cinq centimes par muid ou neuf centimes par hectolitre.

Défenses sont faites à tous agens, économes, portiers, concierges ou autres employés d'établissemens publics, palais, hôtel, ou maison jouissant, à quelque titre que ce soit, d'eau provenant des eaux de notre bonne ville de Paris, de vendre ladite eau, à peine d'une amende de *vingt-cinq francs* pour la première contravention, et du double en cas de récidive.

Arrêté du Préfet du département qui place la surveillance des fontaines marchandes dans les attributions de la Direction de l'octroi.

Nous, Conseiller d'État, Préfet du département de la Seine,

Vu l'article 8 de l'ordonnance du Roi, du 16 août 1815, concernant la vente de l'eau aux fontaines marchandes;

L'ordonnance de police du 13 décembre 1815, concernant les porteurs d'eau à tonneau;

Considérant que, pour l'exécution et le maintien des dispositions contenues dans lesdites ordonnances, il est nécessaire d'établir une surveillance active et que le régime actuel du service des eaux de Paris ne comporte pas, tel qu'il est maintenant, les moyens de surveillance que ce service exige dans les intérêts de la ville;

Avons arrêté ce qui suit:

1° La perception du prix de la vente de l'eau aux fontaines marchandes sera, à compter de ce jour, placée sous la surveillance de M. le directeur de l'octroi.

2° Les agens et employés de l'octroi seront en conséquence chargés de veiller à l'exécution des ordonnances ci-dessus visées en se conformant aux instructions qui leur seront données cet effet.

3° Le caissier des eaux de Paris, les préposés à la recette des fontaines, ainsi que le contrôleur vérificateur des recettes, sont conservés dans leurs emplois respectifs qu'ils continueront d'exercer sous la surveillance du directeur de l'octroi.

Arrêté de M. le Préfet du département de la Seine, qui ordonne un nouveau Jaugeage des tonneaux des porteurs d'eau.

Nous, conseiller d'état préfet du département de la Seine ;

Vu 1° l'article 8 de l'ordonnance du Roi, en date du 16 août 1815, concernant la vente de l'eau aux fontaines marchandes de la ville de Paris ;

2° Notre arrêté en date du 18 novembre 1815, qui ordonne le jaugeage des tonneaux de porteurs d'eau ;

3° Le rapport du contrôleur aux recettes des eaux de Paris, signalant un moyen de fraude pratiqué par plusieurs porteurs d'eau pour augmenter la capacité de leurs tonneaux en conservant, sans altération, l'indication du jaugeage ;

Considérant qu'il est important de remédier à ce genre de fraude préjudiciable aux intérêts de la ville de Paris ;

D'après l'avis du directeur de l'octroi de Paris, chargé de la surveillance de la recette aux fontaines marchandes ;

Avons arrêté ce qui suit :

Art. 1er Les tonneaux des porteurs d'eau, ainsi que les tonnaux d'approvisionnement des particuliers, seront soumis à un nouveau jaugeage.

2. Conformément à l'article 3 de notre arrêté ci-dessus visé, la capacité des tonneaux sera indiquée ostensiblement sur le fond de derrière de chacun d'eux par une inscription en peinture, au-dessous de laquelle on marquera en outre *le*

diamètre du bouge et la longueur des douves, déduction faite des jables.

3. Indépendamment de ces indications en chiffres, il sera, au moment du jaugeage, dressé un procès-verbal d'*épalement* des tonneaux, avec mention de la capacité et des dimentions de chacun d'eux. Ce procès-verbal, qui devra être signé par les agens du poids public, et par les propriétaires des tonneaux ainsi jaugés, sera déposé à la préfecture du département de la Seine, au bureau des eaux de Paris.

4. Il sera procédé sans délai et sans interruption, par l'administration des poids et mesures publics, en présence du contrôleur aux recettes des eaux de Paris, à l'exécution des présentes dispositions.

5. Après le 30 du mois de juin prochain, qui est le délai de rigueur fixé pour opérer le nouveau jaugeage, les préposés aux fontaines de distribution sont autorisés à refuser de laisser emplir les tonneaux qui n'auraient pas été jaugés de nouveau et marqués comme il est dit ci-dessus.

6. Les dispositions de notre arrêté du 18 novembre 1815, qui défendent à tous propriétaires ou conducteurs des tonneaux d'altérer en aucune manière l'indication du jaugeage, sont maintenues dans toutes leur vigueur.

7. Le présent arrêté sera imprimé et affiché dans Paris en nombre suffisant.

Ampliation sera adressée :

1° A l'administration des poids et mesures publics.

2° A l'ingénieur en chef directeur du canal de l'Ourcq et des eaux de Paris.

3° Au directeur de l'octroi de Paris.

4° Et à son excellence le ministre d'état préfet de police, avec invitaiton de faire intervenir son autorité pour l'exécution des mesures ci-dessus prescrites.

Fait à Paris, le 25 mai 1816.

Signé CHABROL.

Extrait de l'Arrêté de M. le Préfet du département de la Seine, du 25 Juillet 1817, sur la Fontaine du quai des Ormes.

Art. 2. La recette de la pompe du quai des Ormes, en ce qui concerne la comptabilité et la gestion du receveur, sera faite conformément aux dispositions prescrites et aux réglemens en usage pour la recette des autres fontaines marchandes de la ville de Paris; elle sera soumise au même contrôle et à la même surveillance par M. le directeur de l'octroi.

3. Le prix de la vente de l'eau à la pompe du quai des Ormes est fixé provisoirement à cinq centimes par hectolitre.

Ordonnance de police concernant les Porteurs d'eau.

Du 28 Juillet 1817.

Nous, ministre d'état, préfet de police,

Vu 1° l'ordonnance du Roi du 16 août 1815, relative à la vente de l'eau aux fontaines de la ville de Paris, dépendantes des pompes à feu;

2° Les arrêtés de M. le conseiller d'état, préfet du département de la Seine, des 18 novembre 1815 et 25 mai 1816;

3° L'ordonnance de police du 13 décembre 1815;

4° Et la lettre par laquelle M. le directeur de l'octroi de Paris nous signale les moyens de fraude pratiqués par des porteurs d'eau pour augmenter la capacité de leurs tonneaux sans altérer l'indication du jaugeage;

Ordonnons ce qui suit:

Art. 1er Les permissions délivrées jusqu'à ce jour aux porteurs d'eau à tonneaux, pour exercer leur état dans la ville de Paris, *sont maintenues.*

Ceux qui, à l'avenir, voudront exercer cet état, continueront d'en faire la déclaration à la préfecture de police.

Il sera délivré, aux déclarans, un certificat qui devra être visé par le commissaire de police de leur domicile.

2. Les tonneaux des porteurs d'eau seront numérotés aux frais des propriétaires.

La capacité du tonneau sera indiquée sur le fond de devant, ainsi que le diamètre du bouge et la longueur des douves, déduction faites des jables.

Le n° et le nom du porteur d'eau seront peints sur le fond de derrière.

3. Il est défendu aux porteurs d'eau de s'immiscer en rien dans le jaugeage et le numérotage de leurs tonneaux.

4. Il leur est également défendu d'altérer, en aucune manière, l'indication de la contenance ni l'empreinte du jaugeage de leurs tonneaux, *comme aussi de rien changer dans la construction de leurs tonneaux qui puisse en augmenter la capacité.*

En cas de fraude constatée, les tonneaux seront saisis et tenus en fourrière jusqu'au jugement à intervenir.

5. Les porteurs d'eau à tonneaux qui changeront de domicile en feront la déclaration, dans le délai de trois jours, à la préfecture de police.

6. Lorsqu'un porteur d'eau à tonneau cessera l'exercice de son état, il en fera aussi la déclaration à la préfecture de police.

Les numéros peints sur les tonneaux seront effacés, et certificat en sera délivré au déclarant.

7. En cas de vente d'un tonneau numéroté, la déclaration en sera faite à la préfecture de police, tant par le vendeur que par l'acheteur.

8. Les porteurs d'eau à tonneaux rempliront leurs tonneaux chaque soir avant de les rentrer, et les tiendront en cet état toute la nuit.

Ils ne pourront puiser, *hors le cas d'incendie*, qu'aux fontaines dépendantes de l'établissement des pompes à feu.

Il leur est défendu de puiser aux fontaines publiques, à peine d'amende. (*Ordonnance de police du* 14 *juin* 1731.)

9. Les particuliers puiseront aux fontaines publiques avant les porteurs d'eau à bretelles.

10. Les porteurs d'eau à bretelles ne pourront puiser à la rivière qu'aux pompes et puisoirs autorisés à cet effet.

11. Au premier avis d'un incendie, les porteurs d'eau à tonneaux y conduiront leurs tonneaux pleins, à peine d'être poursuivis conformément à l'art. 475 du Code pénal.

Indépendamment du prix de l'eau, il sera accordé une récompense aux deux porteurs d'eau dont les tonneaux arriveront les premiers.

12. L'ordonnance du 14 février 1811, *concernant les porteurs d'eau à tonneaux qui s'approvisionnent à la pompe de la rue de la Chaussée-d'Antin*, est maintenue en toutes les dispositions auxquelles il n'est point dérogé par la présente.

13. Il est défendu aux porteurs d'eau à tonneaux de traverser les halles du centre, avant dix heures du matin, en tout temps.

14. Les porteurs d'eau à tonneaux ne pourront se servir que de conducteurs porteurs d'une carte de sureté ou permis de séjour, et d'un livret qui leur sera délivré à la préfecture de police, conformément au décret du 3 octobre 1810.

15 Les porteurs d'eau à tonneaux sont civilement responsables des personnes qu'ils emploient à la conduite de leurs voitures ou à la distribution de l'eau.

16. Les contraventions seront constatées par des procès-verbaux ou rapports qui nous seront adressés, pour être déférés aux tribunaux et poursuivis conformément aux lois.

17. La présente ordonnance sera imprimée et affichée.

Les commissaires de police, l'inspecteur général de la police, les officiers de paix; l'ingénieur hydraulicien en chef du département de la Seine, l'inspecteur général de la navigation et des ports, et les autres préposés de la préfecture de police, sont chargés de tenir la main à son exécution.

Ampliation en sera adressée à M. le conseiller d'état, préfet du département de la Seine, pour qu'il veuille bien donner les ordres et instructions qu'il jugera convenables pour en assurer l'exécution.

Le Ministre d'état, Préfet de police,

Signé Comte ANGLÈS.

CHAPITRE X.

PROHIBITION DE LA DISTILLATION DES EAUX-DE-VIE DANS PARIS.

Extrait de la Loi des finances du 1er Mai 1822, qui prohibe la distillation des eaux-de-vie dans Paris.

Art. 10. La fabrication et la distillation des eaux-de-vie et esprits sont prohibées dans Paris.

Toute contravention à cette disposition sera punie d'une amende de 1,000 à 3,000 francs, indépendamment des autres peines portées par l'article 129 de la loi du 28 avril 1816.*

Une ordonnance royale fixera l'époque à laquelle les établissemens de cette nature actuellement existans cesseront toute opération, et déterminera les bases de l'indemnité qui devra être préalablement accordée aux propriétaires de ces établissemens.

Ordonnance du Roi relative à la cessation de la distillation des eaux-de-vie dans Paris.

Louis, etc.

Vu l'article 10 de la loi du 1er mai présent mois, portant : « Une ordonnance royale fixera l'époque à laquelle les distil- « leries actuellement existantes dans Paris cesseront toute

* *Article* 129 *de la Loi du* 28 *avril* 1816. — Toute contravention aux dispositions du présent chapitre sera punie d'une amende de 200 à 600 fr. Les bières trouvées en fraude et les chaudières qui ne seraient pas fixées à demeure et maçonnées, seront en outre saisies et confisquées.

« opération, et déterminera les bases de l'indemnité qui devra « être préalablement accordée aux propriétaires de ces établis- « semens. »

Sur le rapport de notre ministre secrétaire d'état au département des finances,

Nous avons ordonné et ordonnons ce qui suit :

ART. 1er. Les distilleries d'eaux-de-vie et esprits actuellement existantes dans Paris cesseront toute opération à l'époque du 20 juin prochain.

2. Les bases pour la fixation de l'indemnité préalable à distribuer entre les propriétaires de ces établissemens, sont déterminées ainsi qu'il suit :

1° Les frais de démolition des fourneaux, chaudières, alambics, cuves et autres agencemens à l'usage de la distillerie exclusivement, ainsi que le montant des réparations aux bâtimens, que ces démolitions pourraient nécessiter ;

2° Les frais de reconstruction de ces mêmes objets dans un local supposé propre à cet usage, ainsi que les frais de transport depuis l'emplacement actuel de la fabrique jusqu'aux limites de la banlieue de la capitale ;

3° Les engagemens justifiés par actes authentiques et qui auraient été contractés par les distillateurs envers les propriétaires des maisons, terrains et usines où sont maintenant leurs fabriques;

4° Enfin une somme égale aux profits que chaque distillateur eût pu obtenir durant trois mois de fabrication, lesquels profits seront évalués à raison de dix pour cent des produits présumés de sa distillerie, calculés d'après les quantités qu'il a déclaré avoir fabriquées dans le cours du premier trimestre de cette année.

3. Le montant de cette indemnité sera réglé d'après ces bases par trois experts ; l'un nommé par la régie des contributions indirectes, le second par chacun des distillateurs, le troisième par le président du tribunal de première instance à Paris. Dans le cas où le propriétaire d'une distillerie n'aurait pas fait connaître à l'administration des contributions indirectes

e choix de son expert, dans les trois jours de la notification de la présente ordonnance, il y sera pourvu d'office par le président du tribunal de première instance de Paris.

4. Les procès-verbaux des expertises faites conformément aux articles ci-dessus, seront adressés, au plus tard, le 10 juin prochain, par le directeur général des contributions indirectes, avec ses observations et son avis, à notre ministre secrétaire d'état des finances, qui autorisera le paiement de l'indemnité due à chaque propriétaire, pour ledit paiement être effectué avant l'époque fixée par l'art. 1er de la présente ordonnance.

5. Notre ministre secrétaire d'état au département des finances est chargé de l'exécution de la présente ordonnance.

Donné à Paris, au château des Tuileries, le 11 mai de l'an de grâce mil huit cent vingt-deux, et de notre règne le vingt-septième.

Signé LOUIS.

FIN.

TABLE DES MATIÈRES.

CHAPITRE PREMIER.

Perception des Droits d'octroi et d'entrée et Tarifs de ces Droits.

CHAPITRE II.

Entrepôts réels.

CHAPITRE III.

Du Commerce des vins à Paris, et Dispositions pénales sur la falsification des boissons.

CHAPITRE IV.

Retraites des Employés de l'Octroi.

CHAPITRE V.

Perception des Droits de banlieue et Police des ports extérieurs.

CHAPITRE VI.

Constructions autour de Paris.

CHAPITRE VII.

Timbre des Lettres de voiture et Recherche des marchandises soustraites aux Douanes.

CHAPITRE VIII.

Abattoirs.

CHAPITRE IX.

Perception aux Fontaines marchandes de la ville de Paris.

CHAPITRE X.

Prohibition de la Distillation des eaux-de-vie dans Paris.

FIN DE LA TABLE.

www.ingramcontent.com/pod-product-compliance
Ingram Content Group UK Ltd.
Pitfield, Milton Keynes, MK11 3LW, UK
UKHW031847260826
14628UKWH00002B/635

9 782013 096584